이것이 진짜 성공 NPL이다

정철우가 알려주는 성공하는 NPL 레시피

이것이 진짜

성공 NPL 이다

Non Performing Loan

정철우 지음

한국경제신문 *i*

민법 조항에서 부동산은 토지와 정착물로 되어 있다고 규정하고 있지만, 이는 생존과 삶을 영위하기 위한 터전으로 누구나 공정하게 소유하고 효율적인 이용이 되어야 하는 실체의 대상물이기도 하다.

그러나 자본시장에서 부동산은 그 기능으로 볼 때 자산과 직결되어 있는 거래의 대상이 되어 적법한 방법에 의해 공정하게 소유할 수 있을 수 있으나 공평하게 나누어 소유하는 대상이 될 수 없다.

이런 연유로 자산증식을 위한 투기대상이 되어 사회문제를 일으키기도 해서 국가는 공권력을 발휘해 과다한 소유에 대해 규제를 하기도 하지만, 부동산은 사적 자치 입장에서 재산목록의 최우선에 있는 대상임은 부정할 수 없는 사실이다.

또한, 부동산은 국가 경제를 구성하는 한 축으로 경제발전에 영향을 미치는 요인으로 작용하기도 하는 등 경제적인 측면에서도 매우 중요한 대상이기도 하다.

즉, 건전한 부동산 거래는 개인의 자산관리 측면에서 중요하며, 국가발전에도 필요한 대상으로, 여기에는 다양한 종류 및 거래형태가 수반되어 이루어진다.

그중 부실채권은 부동산을 기반으로 이루어지는 거래의 한

방편으로, 건전한 거래를 위해 금융위원회의 관리 감독을 받아 이루어지고 있다.

 우리가 일상생활에서 사용하고 있는 물은 식음하는 상수관로와 오·폐수를 처리하는 하수관로로 나뉘어 있지만, 오·폐수는 정화되어 다시 식음할 수 있는 물로 바뀌어 공급된다.
 금융시장도 역시 정상적인 자본이 융통되기도 하지만, 오·폐수와 같이 부실화된 자본이 융통되는 부실채권이 유통되고 있다.
 다만 오·폐수를 식수로 공급하는 일이 없어야 하므로, 부실채권거래는 금융위원회의 관리 감독을 받아 이루어지도록 하는 것으로 부실채권거래에 참여하는 일이 금융경제발전에 간접적으로 기여하는 일과 상통한다고 할 수 있다.

 정철우 대표가 발간하는 《이것이 진짜 성공 NPL이다》가 건전한 부실채권거래에 기여하는 모범도서로서의 역할을 하길 기대한다.

전) SH공사 사장

도정명

　부실채권(NPL)에 관해 말은 무성하지만, 부실채권이 무엇이냐고 물으면 명확하게 대답하는 사람을 찾기는 쉽지 않다. 자신이 부실채권 거래를 산전수전 경험하고 나서 하는 대답이 아니기 때문이다.

　어떤 부실채권 전문가가 말하기를 부실채권은 이자 못 내는 저당권이라고 했고, 경매는 등기부등본(현 등기사항전부증명서)이 깨끗해지는 과정이라고 했다. 그 부실채권 경험자는 부실채권 전문가를 근저당권 활용능력자, 한 걸음 더 나아가 물권 활용능력자라 했다.

　지금은 자의 반 타의 반 전문가가 넘쳐나고 부실채권 분야도 예외는 아니다. 수많은 부실채권 전문가가 자신의 비법을 내세우고 있다.

　필자는 사업을 꾸려나가는 것에 우선순위를 두고 부실채권에 관한 지식나눔을 하겠다는 생각은 없었다. 그러나 부실채권을 모르는 상태에서 여기저기 기웃거리는 투자자들의 피해가 늘어나 사회적 책임을 느끼게 되었다. 전문가로서 침묵하는 것은 투자자를 기만하는 것과 다를 바 없다는 판단이 이 책을 집필하게 했다. 그렇다고 필자가 대단히 이타적인 사람은 아니다. 다만 전문가와 초보 투자자 간에 갑을 관계가 아니라 상호 이익을 공유해 서로 윈윈하기를 바랄 뿐이다.

부실채권이 경매에서 비롯되었기 때문에 보통 부실채권을 논할 때 경매가 함께 거론된다. 경매에서는 낙찰에 이르기까지, 심지어는 낙찰되고 나서도 수많은 경우의 수가 존재한다. 마찬가지로 부실채권도 채권이 소멸되기까지 수많은 경우의 수가 존재한다. 그저 몇 번 계약서를 주고받고 거래대금을 주고받는 것이 전부가 아니다.

경매는 매수인의 관점에서 매각물건을 낙찰받기까지, 더 나아가 낙찰받은 물건에서 수익이 발생하기까지 각종 경우의 수에 대처해야 한다. 이와 대비해 부실채권은 근저당권자의 관점에서 예상 채권금액이 회수되기까지 각종 돌발상황에 대처해야 한다. 곧 경매는 매수인의 관점에서 매각물건에 접근하고, 부실채권은 근저당권자의 관점에서 매각물건에 접근한다.

부실채권이 경매보다 쉽게 돈 버는 방식은 아니다. 다만 '뛰는 놈 위에 나는 놈 있다'라는 속담처럼 근저당권자는 경매의 매수인이 인지할 수 없는 것을 알 수 있는 위치에 있다.

이 책은 부실채권 중 주택담보 부실채권에 중점을 두고 작성되었다. 일반적으로 주택, 그중에서 아파트는 경매에서 수익이 발생하기 어려운 물건이지만, 부실채권에서는 수익이 발생하는 담보 물건 중 하나로 뛰는 매수인 위에 나는 근저당권자가 있다. 단적으로 매수인은 경매 절차와 일정에 끌려다녀야 하지만, 근저당권자는 경매의 이해관계인으로 우선순위 채권자로서 각종 경매에 관한 의사결정을 주도할 수 있다.

부실채권은 돌발사고가 발생할 수 있는 경우의 수가 무궁무진하다. 그러나 수익이 발생할 수 있는 경우의 수 또한 무궁무진하다. 부실채권 자체가 수익이 발생하지 않는 채권으로 수익을 내는 비즈니스, 곧 위기를 기회로 만드는 비즈니스다.

마지막으로 부족한 필자에게 부실채권 시장의 건전한 리더가 될 수 있게 아낌없는 조언과 많은 경험을 나누어주신 한국자산관리방송 정진용 교수님, 스피드옥션 송재근 이사님께 감사한다.

이 책이 출판되기까지 많은 격려와 응원을 해주신 전성식 선생님, 양기준 선생님, 정상선 선생님, 함영순 선생님, 신하자 선생님, 성균관대학교·상명대학교·광운대학교 교수님, 동기, 선후배님께 깊이 감사드린다.

또한 저자가 강의하고 있는 강남 부동산 아카데미의 권성욱님, 김진평님, 김경용님, 김기홍님, 김용춘님, 김홍옥님, 노준호님, 류장권님, 박성승님, 박영태님, 박용식님, 송진성님, 신하자님, 안갑순님, 양기준님, 유건섭님, 윤윤석님, 이덕효님, 이승규님, 이시규님, 이정규님, 이창근님, 이현중님, 임영철님, 임은자님, 임화영님, 장영진님, 전성식님, 정상선님, 정수미님, 정우호님, 정재우님, 조명옥님, 조상설님, 천보영님, 최민화님, 최성찬님, 함영순님, 홍순희님 등과 이름을 모두 올릴 수 없지만 5,000여 원우님, 불철주야 노고가 많으신 문정임 총무님께 다시 한번 머리 숙여 감사의 말을 전한다.

커피 한 잔과 함께 서재에서
정 철 우

차 례

제5부

부실채권 성공 사례

성공 NPL을 위한
기초체력 다지기

01
부실채권에 관한 생각

　많은 투자자가 피눈물 나는 노력만 한다면 투자가 성공으로 이어질 것으로 생각한다. 그러나 그 바탕에는 전생에 나라를 구한 운이 따라야 하고, 투자 시기도 맞아야 하는 등 다양한 조건이 한 박자처럼 따라줘야 한다.

　또한, 부동산 투자 성공은 정부의 정책과 밀접한 관계가 있기 때문에 적시에 이용하는 것도 성공 투자를 이룰 수 있는 필요조건이 된다. 정부의 냉·온 정책에 따라 투자자는 일희일비하게 될 뿐 아니라 투자 결과까지 영향을 받기도 한다.

　지난 노무현 정권 시절의 보유세인 종합부동산세 도입부터 박근혜 정부의 경제정책으로 나온 초이노믹스의 빚 내서 집을 사라는 부동산 활성화 정책, 문재인 정부의 8.2 대책으로 나온 다주택자 규제 등 매 정권이 바뀔 때마다 부동산 정책 역시 공약에 따라 변경되고 이에 따라 투자자의 투자 방향과 생각이 바뀌기도 한다.

　투자자 입장에서 다행히 부동산 활성화 대책이 있게 되면 투자에 주력하면 되겠지만, 반대로 안정화 등 규제책이 발표되면 투자의 어려움을 겪게 된다.

지금까지 6.19 대책, 8.2 대책 등 숫자로 대변되는 부동산 대책을 살펴보면, 시장 안정화를 위한 규제책이 대부분이었고 규제의 핵심 내용은 수익률과 직결된 세금을 중과하는 등 강화하는 내용이 주요 골자였다.

이와 같은 정부의 규제 정책 혜택(?)은 부동산 투자자에게는 수익률 하락으로 나타나 부동산 투자에 회의감을 느끼게 한다. 그러나 투자자 입장에서 대안 투자 대상을 찾기는 쉽지 않다. 수익률 측면에서 부동산만 한 기회를 얻기가 쉽지 않기에 결론은 항상 부동산이었다. 또한 인생 백세 시대, 인생 이모작과 같이 장수시대를 맞이하게 되면서 부동산은 또 하나의 연금으로 인기를 끌었다. 오피스텔 도시형 생활주택 및 상가 등 월세 수입이 있는 부동산은 수익형 부동산이라는 이름으로 통칭되어 시장의 관심을 받아왔다.

그러나 수익형 부동산도 정부의 시장개입 정책으로 부동산 시장이 상승과 하락을 반복하게 되고 부동산 투자는 의도와 다르게 투자 자금이 묶여 규제가 완화되는 시기까지 보유해야 하는 고통을 맛보는 경우도 있었다.

경매와 같은 부동산 투자 방법은 경우에 따라 대박 수익을 획득할 수 있는 기회를 제공하기도 한다. 그러나 이 방법 역시 부동산 보유에 따른 재산세, 종합부동산세 등 세금으로 인한 수익률 하락이라는 단점이 있다. 1년 미만 단기 보유를 하는 경우와 비사업용 토지의 경우 중과제도로 수익의 절반 이상을 세금으로 납부해야 하는 경우도 있다. 물론 세금 납부는 국민의 의무이고 국가를 지탱하는 원천이다. 그러나 개인 투자자 입장에서 볼 때 자신의 재산을 투입해 자신의 노력으로 획득한 투자 결과의 적지 않은 부분을 세금으로 납부하면 아깝다는 생각이 드는 것도 부인할 수 없는 사실이다.

보유세 없는 부실채권

부실채권(Non-Performing Loan : NPL) 투자는 부동산 직접 투자와 다르게 단기 투자가 되더라도 중과대상이 되지 않으므로 상대적이지만 수익률이 올라가는 투자 효율성이 높다. 즉, 가성비가 높다고 할 수 있다. 예를 들어 주택을 경매로 매수해 1세대 2주택 이상 보유자가 되어 조정대상구역 내 주택을 양도 처분하는 경우 일반양도세율에 10%를, 3주택 이상 보유자는 20%를 가산해 납부해야 하고, 장기보유특별공제 적용도 배제되어 급격하게 수익률이 하락한다.

또한 1세대 1주택이라 하더라도 서울 등 조정대상구역에서 주택을 구입하면 예전과 같이 2년 이상 실거주를 해야 하는 조건을 충족해야 양도세 감면을 받을 수 있는 등 부동산을 투자 대상으로 하는 경우 각종 제약을 받을 수 있어 투자에 어려움이 있다.

그러나 경매 주택의 담보 부실채권에 투자하는 경우 실거주를 하지 않아도 된다. 여러 주택의 담보 부실채권에 투자했다 해서 세금이 중과되는 일도 없다. 이외에도 부동산에 하는 단기 투자의 성격을 갖고 있지만, 양도세 중과처럼 페널티성 조세 혜택(?)을 받지 않는 장점이 있다. 또한, 아무리 많은 부실 채권을 매수했다 해도 다주택자가 되어 고민해야 하는 임대사업자 등록의 고민에서 벗어날 수 있는 장점이 있다.

하이 리스크 하이 리턴

부실채권 투자가 장점만 있는 것은 아니다. 고수익은 높은 손실을 동반할 수 있다(high risk, high return). 리스크가 높은 부실채권은 성공 투자를 하면 높은 수익을 보장받지만, 투자 실패는 피땀 흘려 모은 투자 밑천의 감소로 이어진다.

부실채권 투자에서 부동산 낙찰가격이 저당권 매입가격보다 높을 경우 차액을 챙길 수 있고 변제권을 갖고 있어 자금회수가 빠르다. 그러나 낙찰가격이 저당권 매입가격보다 낮으면 손실을 보게 된다.

투자자라면 누구나 차익을 원해 투자하지만 부동산은 생물과 같아 결과가 항상 원하는 방향과 일치하지 않을 수 있다. 섣불리 투자하면 원금까지 잃을 수 있다. 이것이 부실채권이 갖는 리스크 중 가장 무서운 점이다. 처음부터 부실채권을 몰랐다면 원금까지 손해 보는 일이 생기지 않는다.

부실채권 투자 시 부동산 가격 산정과 경매에 대해 해박한 지식을 갖고 투자하는 것이 최선의 방법이다. 노력과 시간이 필요한 일이고 말처럼 쉽지 않다. 그러나 배우고 익혀서 투자해야 한다.

그러면 공부하기 싫은 투자자는 부실채권 투자를 하지 말아야 한다는 말인지 묻고 싶은 사람이 있을 것이다. 이에 대해 굳이 차선을 말하자면 부실채권 전문업자에 위탁해 투자하는 것이다. 그러나 이 경우에는 수익을 배분하든 수수료를 지급하든 온전히 수익을 독식하지 못한다. 결국 수익률이 비교적 떨어진다. 또한, 전문업자가 추천하더라도 투자 판단은 투자자 자신의 몫이다. 결국 자기 자신이 추천 물건에 대한 안목을 가져야 한다.

부실채권 투자에 대한 조언

부실채권은 다양한 장점을 갖고 있고, 부실채권 투자가 성공을 거둔 때만 그 결실을 맛볼 수 있다. 만약 정확하게 채권에 대해 올바른 가치 산정을 하지 못하면 부동산을 단순히 매매한 것보다 못한 결과가 나올 수 있다. 권리분석 등 정확한 가치 산정을 위한 분석 능력을 갖춘 후 투자해야 한다. 부동산을 보유한 경우 가치 산정에 심각한 오류만 없다면 부동산의 가치가 상승하는 시기까지 보유하다가 매각하면 수익을 기대할 수 있다. 그러나 부실채권 투자의 경우 배당 절차가 종료하면 손실을 만회할 기회를 상실한다. 이 책을 보시는 분들 중 유입이라는 최후의 방법을 통해 손실 만회 기회를 엿볼 수 있지 않냐고 항변하시는 분들이 계실지 모른다. 그러나 유입의 경우는 채권에서 부동산으로 전환된다. 필자가 이 책에서 의도하는 부실채권 투자 방법과 거리가 있다. 경매 응찰을 통한 유입은 부실채권 매입 효과가 사라지기 때문에 경매와 그다지 다를 바 없다.

부실채권에 입문하는 투자자는 부실채권에 대한 장단점 파악뿐 아니라 시장변동까지 파악하고 있어야 한다. 부동산에 대해 전반적인 식견을 갖추는 것이 성공 투자로 가는 지름길이다.

부실채권 투자는 경매 지식과 함께 어떤 경우에도 흔들리지 않는 정신적인 요소도 필요하다. 필자는 현재 안정적인 부실채권 투자 운용을 하고 있고, 지속적으로 안정적인 수익을 실현하고 있다. 이 경험을 바탕으로 입문자가 갖추면 유용한 내용을 정리하고자 한다.

부익부 빈익빈의 부실채권 시장

부실채권 투자는 여러 부동산에 투자해도 양도세 중과와 같은 조세 불이익을 피할 수 있는 다양한 방식이 있다. 그러나 부실채권에 투자해 누구나 성공하는 것은 아니다. 요즘 부실채권시장이 이를 대변한다.「대부업 등의 등록 및 금융이용자 보호에 관한 법률」(이하, 대부업법) 개정 이후 부실채권 시장은 부실채권 대부법인의 부익부 빈익빈이 심화되고 있다. 법 개정 이후 시장변화에 준비했는지 여부가 그 차이다.

개정 후 시장변화에 대비한 부실채권 법인은 지금 바쁘게 움직이지만, 그렇지 않은 법인은 존망의 기로에 있다. 법 개정 이후 부실채권 대부법인으로 등록되기만 하면 개인 투자자와 경쟁하지 않아도 채권거래를 보장받을 수 있다는 안이한 사고로 별다른 준비를 하지 않아 상당한 어려움에 봉착할 수밖에 없다. 저금리 기조에 따른 채권 고갈을 예상했어야 한다.

반면 필자는 부실채권 시장의 변화를 예견하고 자체적으로 론(loan)을 발생시켜 시장 변화에 대처했다. 그 덕분에 요즘 외부 초빙 강의뿐 아니라 부실채권 운용으로 바쁜 나날을 보내고 있다.

그러나 지금 상황에 만족하고 안주하면 부실채권 시장에서 도태되어 사라지게 될 것이다. 언제 불어올지 모르는 변화의 폭풍을 항상 준비해야 한다. 이와 같은 부분에서 독자들도 부실채권 시장에 대해 파악하고 준비해야 한다. 부실채권 전문가로서 입문 투자자가 가져야 할 마인드를 정리하고자 한다.

첫째, 다각적인 학습을 쉬지 말고 해야 한다. 닭이 먼저인지 달걀이 먼저인지 모르겠다는 말처럼 투자 시장에서는 투자가 먼저인지 학습이 먼저인지 항상 논란이 있다. 필자가 생각하기에 학습은 투자를 위한 선행조건이다. 학습을 게을리하면 시장을 읽는 감각을 둔하게 만들어 결국 손실로 이어진다. 그러나 완벽한 학습이 반드시 투자 성공으로 귀결되는 것은 아니다.

간혹 투자자 중에는 시중 경매 및 부실채권 도서 서너 권 독파와 동영상, 강좌만으로 자신이 나름대로의 지식을 습득한 것으로 착각한다. 그리고 이와 같은 얕은 지식만 갖추고 온갖 고수의 비기가 난무하는 치열한 시장으로 용감무쌍하게 나선다. 전투 지식 없이 용감하게 전투에 나서면 얻어지는 결과는 남보다 먼저 장렬하게 사라지는 일뿐이다. 거듭 말하지만, 지식 없는 투자는 도박과 다름없다. 부디 지출이 발생해도 전문교육원의 체계적인 학습으로 안목을 기른 후 전장에 나가길 바란다. 성공은 살아남아야 이룰 수 있는 결과물이다. 투자 시장에서는 과정이 아닌 결과가 중요하다. 강한 자가 살아남는 것이 아니라 살아남은 자가 강한 자로 인정받는다.

둘째, 시장 정보에 귀를 기울이고 있어야 한다. 필자는 최근 정보 공유에 많은 노력을 기울이고 있다. 그중 대표적인 것이 강남 부동산아카데미 방송을 통해 각종 정보를 공유하는 것이다. 이미 독자 중에서도 '정철우의 성공 NPL'이라는 동영상을 시청한 사람도 있을 것이다. 혹시 미처 보지 못했다면 네이버 검색창에 '강남 부동산아카데미'나 '정철우 성공 NPL'로 검색하면 필자가 제공한 부동산 및 부실채권 관련 동영상을 볼 수 있다.

동영상으로 공유하고 있는 정보는 필자의 성공 사례와 투자 시 갖춰야 할 부동산 지식이다. 시청 비용은 무료다. 이외에 다음카페[1]를 통해 부실채권에 대한 각종 정보 및 성공 사례 동영상을 제공하고 있다.

---

1) 앞서가는 부자들의 모임(http://cafe.daum.net/canrich), 2017년 11월 10일 방문.

〈그림 1〉 정철우 성공 NPL로 네이버 검색

셋째, 실패를 두려워해야 한다. 실패한 투자는 자본이 감소하는 결과를 초래한다. 경우에 따라서 감소의 폭을 넘어서 돌이킬 수 없는 상황이 될 수 있으므로 절대 실패해서는 안 되며, 실패를 두려워할 줄 알아야 한다. 그렇기 때문에 안전 자산인 부동산을 선호하는 것이다. 부동산이 안전하다고 하는 이유는 부동산이 가진 등기라는 공시제도 때문이다.

부실채권은 비록 소유권을 등기하는 것은 아니지만, 부실채권의 주요 투자 대상인 근저당권도 물권으로 등기되므로 부동산만큼 안전한 대상이다. 더욱 경매 시 소유자는 남은 배당액이 있을 경우에만 배당을 받지만, 근저당권자는 소유자보다 우선해 배당을 받는다. 결국, 부동산 소유권보다 안전하다. 그러나 권리 확보가 안전하다고 수익마저 안전한 것은 아니다. 해당 물건에 대한 채권보다 선순위가 있는지, 현장 방문 등을 통해 물건의 정확한 시세 형성, 개발 호재 등으로 시세가 상승할 가능성이 있는지 등을 철저히 분석해야 한다.

이와 같은 분석능력을 기반으로 이루어지는 과감한 투자는 성공의 기쁨을 맛볼 수 있다. 그러나 분석능력이 뒷받침되지 않는 투자는 실패로 이어져 원금을 상실할 수 있다는 점을 주의해야 한다. 실패는 원금 손실로 돌아오고 피땀 흘려 모은 노력을 물거품으로 만들어버린다. 실패를 두려워해야 한다.

넷째, 욕심을 버리고 투자에 임해야 한다. 골프 치는 사람들이 초보시절 가장 자주 듣게 되는 것은 어깨에 힘을 빼라는 말이다. 이는 골프뿐 아니라 모든 운동에 적용되는 말로, 욕심을 버리라는 의미다. 골프 초보는 비거리를 늘리기 위해 어깨에 힘을 주고 친다. 그러나 결과는 뒷땅을 치거나 오비가 나는 등 나이스 샷과 거리가 멀다. 반면 어깨에 힘을 빼고 자연스러운 스윙을 하게 되면 비거리는 어깨에 힘을 주고 칠 때보다 멀리 날아가게 된다. 힘을 줄 때 더 멀리 날아갈 것 같지만 정반대의 결과가 나온다.

마찬가지로 투자도 욕심을 부린다고 해 수익률이 올라가지 않는다. 리스크만 올라갈 뿐, 헛된 욕심은 자신의 능력으로 감당하기 어려운 리스크 있는 투자가 될 우려가 있다. 수익률은 욕심만으로 올라가지 않고 그 욕심을 채울 수 있는 내공과 능력도 같이 올라가야 한다. 능력을 벗어난 욕심을 버리는 투자도 성공 투자로 가는 방법 가운데 하나다.

다섯째, 금융에 눈을 떠야 한다. 부실채권은 어디에 속하는 것일까? 단적으로 말하자면 반은 금융이고 반은 부동산이다. 부실채권은 한 면은 금융, 한 면은 부동산으로 각인되어 있는 동전의 양면과 같다. 그러나 대다수 투자자는 부동산 측면에만 관심을 두고 금융 측면은 눈길조차 주지 않는 경향이 있다. 한쪽만 각인된 동전은 시장에 유통될 수 없고 새는 한쪽 날개만으로 날 수 없다.

03
부실채권 투자를 위한
기초 지식 테스트

다음 질문에 O, X로 답하기 바란다.

① 투자는 반드시 수익이 발생해야 하며 손실이 발생한다면
   투자라고 할 수 없다.
② NPL 투자는 경기가 하락할수록 수익률이 증가한다.
③ NPL은 부동산 금융상품이다.
④ NPL은 부동산 저당권거래다.
⑤ NPL 투자는 고수익·고위험 상품이다.

다음은 앞 질문의 답이다.

① 투자에 대한 사전적인 의미는 가능성을 믿고 자본을 투
하해 운용하는 것으로, 수익이 발생할 곳에 투입하고 이에 따
른 이자나 배당, 양도수익을 획득하는 것이다. 그러나 모든
여유 자금이 성공적으로 회수되지 않고, 잘못될 경우 수익은
고사하고 원금조차 회수하지 못하는 경우가 발생할 수 있다.

대부분의 개인 투자자는 투자 대비 손실에 대해 잘못된 사고방식을 가지고 있다. 지금까지 대부분의 부동산이 일반 투자자의 투자 대상이고 부동산 불패라는 신조어가 생길 만큼 부동산 투자는 수익을 보장받는 성공 확률이 높은 투자처였기 때문이다. 이와 같은 탓에 투자에 대한 기대 수익률은 높고 손실은 감내하지 않으려는 기이한 투자 심리가 생겨났다. 투자는 수익뿐 아니라 손실을 동반하며, 높은 수익은 높은 손실이 동반될 수 있다. 다만 포트폴리오 구성 등을 통해 손실을 줄이거나 제거하기 위한 제반 활동을 통해 손실 폭이 줄어든다. 거듭 말하자면 개인 투자자가 부실채권 투자 이전에 금융 및 경매, NPL 지식을 쌓는 등 관련 학습도 투자 리스크를 줄이기 위한 제반 활동이다.

② 많은 개인 투자자가 부실채권은 불경기일수록 높은 수익을 올린다는 편견이 있다. 부실채권은 불경기일수록 증가하는 경향이 있지만, 이와 비례해 수익이 발생하는 것은 아니다. 보편적 사고방식에 따르면 시장에 상품이 넘쳐날 때 경기가 호황이라고 인식하기 쉽다. 그러나 반대로 생각하면 상품의 판매가 원활하지 않아 상품 재고가 쌓여 있기 때문에 상품이 증가하는 것은 불경기가 도래하고 있다는 반증이다.

부실채권은 불황의 골이 깊어질수록 증가하고, 부동산 가치가 하락할수록 증가하는 경향이 있다. 부실채권이 넘쳐나고 있다는 것은 경기가 그만큼 불황이라는 의미다. 불황이 심화되면서 부실채권 물량은 증가하지만, 결국 부실채권이 되는 실물경기는 위축되어 있기 때문에 시장 수요는 감소하게 된다.

한편 경기 하락으로 인한 부실채권 증가는 선택의 폭이 넓어진다는 의미로, 개인 투자자의 부실채권 투자 수익은 경기와 무관하게 발생한다. 부실채권 투자 수익의 크기는 개인의 역량과 활동 정도, 소위 안목치수에 따라 다르게 나타난다. 불경기라고 해서 모든 투자자가 손해 보고, 경기가 좋다고 모두 높은 수익률을 실현하는 것이 아니다. 아무리 좋은 호황에도 손실은 발생할 수 있다.

③ 최근 북한 정권의 도발적인 행태, 중국의 기술력 향상 등 각종 외생 경기 변수에 따라 전문가는 한국의 경제성장률 하락을 예상한다. 이와 같은 영향 탓에 국내 체감 경기는 불황이고 부동산 경기는 정부의 각종 부동산 안정화 정책으로 하락 국면이 예상된다. 경제연구소는 가계부채 문제의 심각성을 발표하고 선제적 대응을 위해 정부는 담보인정비율(Loan To Value ratio : LTV, 주택담보대출비율), 총부채상환비율(Debt To Income ratio : DTI), 채무상환비율(Debt Service Ratio : DSR, 총부채원리금상환비율) 등을 통한 대출 규제로 부동산 시장은 안개 속을 헤매고 있다.

반면 마땅한 투자처를 찾지 못하는 시중의 유동 자금은 풍부해서 수익률이 5% 이상만 되어도 수백억 원 이상의 자금이 몰려들고 있다. 부실채권 투자가 주목받는 이유는 이와 같은 맥락에서 찾을 수 있다. 이에 부동산 투자 수익률에 익숙한 투자자가 방송이나 신문 등 언론의 단편적인 NPL 기사만 보고 부동산 금융상품으로 오인해 부실채권 시장을 기웃거리고 있다.

금융상품은 금융회사가 수익을 목적으로 고객에게 융통하는 상품이다. NPL은 금융회사에서 판매하는 펀드와 같은 금융 투자 상품이 아니다. 개인의 능력으로 수익을 내야 한다. NPL은 고객에게 융통한 금융상품 중 적기에 회수하지 못한 채권을 거래하는 금융방식이다. 대출이라는 금융거래에서 파생된 자산을 투자 대상으로 하는 것이다.

④ 저당권은 채무자 또는 제삼자가 채무 담보로 제공한 부동산, 기타 목적물을 채권자가 그 제공자로부터 인도받지 않고 관념상으로 지배해 채무의 변제가 없는 경우에는 그 목적물에 대해 다른 채권자보다 우선변제를 받을 수 있는 담보물권이다.[2] 다만 개인 투자자의 부실채권 투자 시 부동산 저당권 양도·양수를 통한 투자가 그 주류를 이루고 있기 때문에 부실채권이 부동산 저당권거래만을 의미하는 것으로 정형화되었다. 물론 저당권거래가 일반 투자자가 투자하는 대중적인 방법이고 보편화된 투자 방법이다. 그러나 자산 보유자 입

---

2) 한국민족문화대백과사전(http://encykorea.aks.ac.kr/), 2017년 11월 13일 방문.

장에서 보면 부실채권은 회수 방법 중 한 가지일 뿐이다. 부실채권이 부동산의 저당권이라는 사고방식은 협의의 사고다.

광의의 부실채권 시장에서는 담보부와 무담보부라는 채권의 발생 형태를 구분하고 있다. 또한 담보부 부실채권이 반드시 부동산담보부만을 의미하지 않는다. 유가증권 등을 포함한 다양한 형태의 담보를 말하며 부동산담보부도 저당권거래에만 한정되지 않는다. 이에 이 책에서는 일반 투자자가 경매 시장을 통해 이용하는 저당권 거래를 통한 부실채권 투자뿐 아니라 다른 투자 기법의 부동산담보부 부실채권도 소개하고자 한다.

최근 많은 개인 투자자가 부실채권 시장의 부동산담보부 부실채권에 관심을 두고 투자하는 경향이 증가해 시장이 과열되는 양상이 벌어지고 있다. 그 결과 담보부 저당권 양도 가격이 상승해 법원 배당을 통해 수익을 획득하기가 어려워졌다. 낙찰을 받는 유입 방식을 통한 수익도 부동산 시장의 불황으로 매각이 어려워 투자금 회수가 쉽지 않을 수 있다.

그러나 기존에 알려진 부실채권 시장이 아닌 다른 방법의 부실채권에 눈을 돌리면 유리한 가격으로 수익을 획득할 수 있는 투자 시장이 있다. 필자가 이 책을 저술하는 이유도 이와 같은 새로운 투자 방식의 부실채권을 독자에게 알리기 위해서이다.

⑤ 고수익 상품은 투자 대비 높은 수익을 실현하는 상품으

로, 고수익에 대한 기준은 개인마다 차이가 있다. 투자 시장은 'high risk, high return', 리스크가 높으면 수익률이 높아질 확률이 높기 때문에 투자 대상이 부실채권이면 이론상 고수익이 발생할 확률이 높다. 다만 모든 부실채권이 동일한 수익률을 가질 수 없고 투자자의 노력에 따른 결과가 다르게 나타난다. 또한, 어떤 종류의 부실채권에 투자했는지에 따라 결과가 달라진다. 그 결과는 투자금 회수율과 비례 관계에 있어서 부실채권이 반드시 위험한 고수익 상품이라고 단정할 수 없다. 부실채권 투자는 개인의 결정에 따라 수익률이 달라지고, 안목치수에 따라 그 결과가 달라진다. 투자자 개인의 역량에 따라 수익률이 결정되는 시장이다.

04
부실채권 투자를 준비하려면

부실채권의 역사는 금융회사가 생길 때부터 시작되었다. 그러나 개인 투자자가 경험하고 있는 부실채권은 경매 대중화가 불러온 높은 낙찰가율로 인해 수익 폭이 줄어들자 이를 대안할 수 있는 시장 성격으로 출발했다.

그러나 이제는 경매의 대안 시장이 아닌 부실채권(Non-Performing Loan : NPL)이라는 독자적인 투자 시장으로 자리 잡게 되었다. 대부업법도 이를 뒷받침한다. 수년 전 부실채권 투자가 대중에게 알려진 이후 지속적인 투자 자금의 유입으로 과열을 우려할 정도로 호황기를 구가했다. 그러나 2016년 7월 대부업법 개정 이후 냉각기로 돌아서게 되었다.

법 개정 이전에는 개인 투자자가 금융회사 및 유동화회사로부터 부실채권 매입을 자유롭게 했다. 그러나 대부업법 개정 이후 금융위원회에 등록한 채권 대부법인만 금융회사로부터 부실채권 양수가 가능해졌다. 개인 투자자의 부실채권 거래는 불가능하게 되어 예전과 같은 열기는 식어버렸다.

그러나 하늘이 무너져도 솟아날 구멍이 있는 법으로 궁박히 기회를 만든다. 대위변제 기법 등 새로운 투자 기법이 시장의 대안으로 떠오르게 되었다. 이와 같은 대위변제는 어느 날 갑자기 떨어진 부실채권을 매입할 수 있는 새로운 투자 기법은 아닌, 「민법」상 규정된 채권대위의 한 방법일 뿐이다(「민법」 제481조~제482조). 이제는 이와 같은 투자 기법이 대중적인 부실채권 매입 기법이 되었고 부실채권을 학습한 독자는 이미 알고 있는 내용이다.

실무적으로 대위변제를 통해 채권을 매수하기는 쉽지 않다. 역량에 따라 다르지만, 채권 수익을 결정짓는 정확한 가치 산정에 의한 매수가격 산정이 어렵다. 또한, 필자의 실무 경험에 비추어 볼 때 매수 협의를 위한 기회조차 획득하기 쉽지 않다. 임의대위를 통해 채권 매수를 하고자 하는 경우 채무자와 직접 계약체결을 해야 한다. 그러나 채무자가 쉽게 만나주지 않고 설령 직접 대면해도 채무자 입장에서는 부실채권에 대한 이해 부족으로 잠재 양수인을 신뢰하기 어렵고, 오히려 사기꾼으로 오해받을 수 있다. 채무자가 부실채권에 대한 이해가 있다면 쉽게 계약체결이 이루어진다고 생각할 수 있다. 그러나 채무자는 각종 조건을 제시할 우려가 크고 결과적으로 수익을 보장받을 수 없는 경우도 발생한다.

시중에는 이와 같은 일이 벌어지고 있는 것이 현실이다. 아직도 부실채권에 대한 단편적 지식만 가지고 개인 투자자가 부실채권을 매수해보겠다고 채무자의 집을 서성이고 금융회사의 문을 두드리고 있다. 거듭 말하자면 부실채권에 대한 관심이 있다면 투자에 앞서 정확한 부실채권에 대한 지식을 쌓고 난 이후 투자하기를 권고한다. 이를 위해서 지식을 전달받을 교육단체를 알아볼 때 결코 집이나 직장이 가깝다거나 교육비가 저렴하다는 이유로 선택하지 말아야 한다. 부실채권 전문교육 단체인지, 그리고 교육받은 곳의 수강생이 실제 투자 수익을 획득했는지 등 여러 측면에서 확인해야 한다.

투자 시장에서 잘못된 만남은 이별로 끝나지 않는다. 독자의 재산에 손실이 올 우려가 있으므로 신중한 첫발이 필요하다. 역시 선택은 독자의 몫이다. 참고로 필자는 부실채권 전문교육을 위해 강남 부동산아카데미에서 주무 교수로 강좌를 개설했다. 이 책 후면에 소개하고 있으므로 관심 있는 독자는 이용하기 바란다.

05
강남 부동산 아카데미

　필자의 전공은 경영학이다. 대학원에서 학위를 받았지만, 보다 깊은 부동산 지식에 대한 갈망으로 또다시 대학원에 진학해 연구하고 있다. 비록 부실채권 법인 운용과 강남 부동산 아카데미 강의, 초청 강좌 방송 등 쉴 틈 없는 업무의 연속이지만, 지식의 깊이는 알 수 없기 때문에 다시 대학원에 다니고 있다. 필자가 운용하는 금융 법인과 강남 부동산아카데미 직원과 지인이 업무 강도를 조절하라고 권하지만, 아직 젊음과 패기가 있기 때문에 체력 조절을 해가며 강행군한다. 주변의 많은 분이 저자를 도와주기 때문에 가능한 일이고 여기까지 올 수 있었던 원동력이다. 항상 가슴 깊이 감사하고 있다.

　필자가 도움을 주신 분에게 감사를 표하는 방법 중 하나는 필자가 보유한 지식의 일부라도 나누는 것이다. 이를 위해 인터넷 방송을 개설해 전달하고 있다. 그러나 방송은 불특정 다수를 대상으로 하기 때문에 노하우 공개, 전달의 한계가 있기 때문에 강남 부동산아카데미에서 강의도 하고 있다.

　다양한 강좌 개설과 지식 나눔 실천을 위해 한국 토지 보상 경매의 권위자인 정진용 교수 등 저명한 교수를 초빙해 강좌를 개설하고 있다. 이외에도 한국자산관리실무학회 설립에도 발기인으로 참여하고 강남 부동산아카데미를 개방하며 세미나, 연구발표회 개최에 도움을 주는 등 다양한 활동을 하고 있다. 필자가 많은 준비를 해도 알려지지 않으면 무용지물이다. 이 책의 지면을 할애해 강남 부동산아카데미가 현재 진행하고 있는 강좌를 소개한다. 혼자 빨리 가기보다 함께 멀리 가고자 한다. 강남 부동산아카데미를 소개하면 다음과 같다.

① **장소** : 서울특별시 서초구 서초대로 330, 4층(서초동, 영일빌딩) / 교대역 1번 출구로부터 강남역 방향으로 걸어서 5분 거리
② **문의 전화** : (02) 525~9090
③ **홈페이지** : http://www.knacademy.co.kr

성공 NPL

강좌명 성공 NPL을 소개하면 다음과 같다.

〈표 1〉 성공 NPL 강좌

구분	내용
담당 교수	정철우
강의 요약	① 위장임차인, 유치권, 법정지상권, 가등기 등 NPL과 융합으로 고수익 틈새 전략 훈련(검색 방법과 고수익 전략) ② 대부 저당권과 신탁 저당권의 속성을 구체적으로 파악하라(틈새 고수익 전략) ③ 법인 저당권으로 채권 양수해 고수익 실제 성공 사례 공개 ④ 후순위 저당권자가 1순위 NPL을 대위변제하는 투자 노하우(실제로 NPL을 공급) 　: 고수익 천기누설 ⑤ 새로운 블루오션인 신탁형 저당권의 천기누설 노하우, 수강 중에 직접 투자하며 수익을 내면서 배운다 ⑥ 80~100% 질권 대출 실행해 소액 투자 실천(신탁 저당권과 특수 대부 저당권의 절세 방법, 지분경매·가처분·가압류·채권양도세법, 손자병법 고수익 내기, 연체 금리 수익률 전략, 합법적인 절세 노하우 공개, 탈세하면 패가망신한다, 중요 핵심 노하우·창조적 아이디어, 스터디 학습의 중요성과 성공 사례 만들기)
커리 큘럼	**제1부 NPL 총설 및 개요** 　　**제1강** NPL이란(재테크와 관련된 내용 중점 해설, 부실채권의 허와 실) 　　**제2강** NPL 투자의 실패 사례 및 성공 사례 **제2부 인터넷 검색 능력이 투자의 승패를 좌우한다** 　　**제3강** 인터넷 검색을 편리하고 쉽게 신속히 하는 방법 　　**제4강** 컴퓨터 활용으로 NPL의 리스크를 신속하게 파악하는 법 　　**제5강** 인터넷으로 NPL 권리분석의 유형과 안전성 진단하기 　　**제6강** 강의 중에 현재 진행되는 NPL 중에서 알짜 우량 물건 찾기 훈련 　　**제7강** 강의 중에 현재 진행되는 물건으로 인터넷 검색 후 현장조사 핵심 노하우 인터넷 활용 기법 　　**제8강** 연합자산관리주식회사(United Asset Management Corporation : UA-MCO)와 대신에프앤아이주식회사(전 우리에프앤아이주식회사) 등 유동화 회사 물건의 추출 및 검색 능력 배양 **제3부 시간은 돈이다** 　　**제9강** 시간 절약 속성 분석 노하우 공개 　　**제10강** 강의 중에 현재 진행되는 물건으로 검색 후 알짜 우량 물건 찾아내기 **제4부 투자 타겟을 어디에 둘 것인가** 　　**제11강** 각종 NPL 투자 수익모델을 정확히 이해하라 　　**제12강** NPL 투자의 안전성을 신속히 진단하는 법으로 모두 함께 검색 　　**제13강** 법원 경매 물건 검색 시 수익성 NPL 찾아내기 　　**제14강** 론세일, 채무 인수, 계약 인수와 낙찰조건부 계약 인수의 전략적 계약 방법(현재 진행되는 물건을 검색)

토지 보상 경매

강좌명 토지 보상 경매를 소개하면 다음과 같다.

〈표 2〉 토지 보상 경매 강좌

구분	내용
담당 교수	정진용
강의 요약	재개발 등 개발사업 지역의 부동산 물건을 경매로 취득하고, 국가 등이 지급하는 토지 보상금 및 지장물 보상, 이주 대책에 따른 입주권 등 자격 보상을 통해 보상 차익을 실현하는 과정이다.
커리 큘럼	**제1부 공익사업과 보상** 　　제1강 공익사업의 이해 　　제2강 토지 보상의 경매 활용 　　제3강 공익사업 종류 해설 **제2부 보상 절차를 알면 투자 시기가 보인다** 　　제4강 토지 보상 절차 이해 　　제5강 토지 보상 절차의 투자 활용 　　제6강 토지 보상, 물건 보상 및 자격 보상 **제3부 보상금 사정을 위한 감정평가와 경매 활용** 　　제7강 감정평가의 이해 　　제8강 경매 감정평가의 토지 보상 활용 　　제9강 토지 보상금 산정 방법 **제4부 다가오는 투자 기회 도시계획시설 일몰제** 　　제10강 부동산 공법과 도시관리계획 　　제11강 도시관리계획 투자 활용 　　제12강 그린벨트 해제와 투자 활용 　　제13강 장기 미집행 시설과 투자 활용 **제5부 현장이 답이다** 　　제14강 현장 학습(개발지역 투어) **제6부 수익률 깎아 먹는 세금, 세무사가 알려 주는 절세** 　　제15강 부동산과 세금 **제7부 알아서 챙겨주는 밥은 없다** 　　제16강 부실채권 활용 토지 보상 　　제17강 토지 매수 청구 제도 활용 **제8부 배보다 배꼽이 큰 딱지 이야기** 　　제18강 자격 보상의 종류 　　제19강 이주 대책 용지, 생활 용지 등 입주권 활용

부실채권
투자 비급

01
알아둬야 할 금융 기초

부실채권을 이해하기 위해서 부동산뿐 아니라 금융 이해가 필요한 것은 부실채권의 발생 시장이 금융상품에 기인하기 때문이다. 그러나 부실채권 수익을 결정하는 회수 방법이 보편적으로 경매 배당 절차를 통해 이뤄지기 때문에 부동산 측면만 강조되는 시장구조다. 물론 금융적 측면을 인지하지 못한다 해서 부실채권 투자를 하지 못한다거나 수익에 큰 영향을 받는 것은 아니다. 다만 뿌리가 없는 나무는 열매를 맺을 수 없으므로 기본적으로 발생되는 구조 정도는 파악하고 있어야 한다.

일부에서는 금융회사를 비 올 때 우산 뺏어가는 탐욕스럽고 부도덕한 업자로 비판한다. 이는 금융 논리와 구조를 모르기 때문에 나오는 말이다. 세상 이치가 음지가 있으면 양지가 있는 것처럼 부실채권 투자와 같이 금융 시스템을 이용해 수익을 창출할 수 있다. 과도는 과일을 깎는 용도로 쓰이면 과일칼이지만, 강도가 사용하면 흉기로 변한다. 마찬가지로 어떤 용도로 사용할 것인지는 독자의 선택에 따라 결정된다.

부실채권의 탄생

우선 금융회사 중 담보부 부실채권의 주요 발생 회사인 은행의 주요 수익원은 예대 마진으로부터 시작된다. 예대 마진은 말 그대로 예금 금리와 대출 금리의 차이를 이용해 수익을 획득하는 것이다. 예를 들어 예금 이자는 2%를 지급하고 대출 이자는 3%를 수령하면 금융회사는 1% 차익을 획득할 수 있고 이것이 예대 마진이다. 은행 입장에서는 예금을 받아 대출을 알선해 수익을 획득하는 구조다. 이는 융통 행위가 되고 융통 대상이 금전이므로 금융이라는 용어로 통칭한다. 곧 금융은 잉여 자본을 가진 사람과 자본이 필요한 사람을 연결해주고 자본을 대여받은 사람은 이에 상응하는 대가로 이자를 지급하는 자금 융통의 줄임말이다.

이와 같은 금융 행위는 은행이 아주 편리하고 쉽게 돈 버는 구조로 보인다. 그러나 여기에는 한 가지 리스크가 있다. 대출 이자가 수령되지 않아도 예금 이자를 지급하지 않는 경우는 없다. 곧 은행 입장에서 대출 이자는 수령하지 못해도 예금 이자는 지급해야 한다. 대출금을 상환받지 못해도 예금 고객이 요구하면 즉시 예금을 지급해야 하는 리스크가 있다.

또한, 은행은 타인의 자본을 안전하게 보관해야 하는 기능을 가지고 있다. 누구나 신뢰할 수 있어야 하기 때문에 공공적 성격도 있다. 은행은 공공성을 유지하기 위해서 예금 미지급 리스크를 최소화하고 관리할 필요가 있다. 따라서 리스크 관리를 위해 일종의 보험 성격 비용을 준비할 필요성이 있다. 이 것이 여신 관리를 위한 자산건전성 등급이다.

이 자산건전성 등급은 대출 이자가 수령되지 못할 경우를 대비한 사고 예비비다. 아래 단계로 등급이 하락할수록 이자 연체가 장기화된 대출로 충당금 비율이 높아진다. 은행 입장 에서는 억울하지만 대출 이자뿐 아니라 원금까지 수령하지 못 하는, 소위 떼인 돈이 증가한다. 한마디로 돈 빌려준 것이 많 다 보니 떼이는 돈도 증가할 수밖에 없다. 이자뿐 아니라 원금 까지 떼이는 경우도 발생한다. 그렇다고 예금주에게 예금 이 자나 예금을 지급하지 않을 수 없다. 떼인 돈은 늘어나고 돌려 줘야 할 돈은 늘어난다.

이와 같은 구조는 채산성을 떨어트리고 결국 은행은 도산 하게 된다. 대표적인 사례가 2011년 2월 부산저축은행 등 일 부 상호저축은행이 집단으로 영업 정지된 사건이다. 이 사건 의 배경을 보면 일부 저축은행이 부동산 개발에 대해 제대로 된 심사 과정 없이 프로젝트파이낸싱(Project Financing : PF) 을 무분별하게 불법으로 제공했다. 이후 부동산 경기 하락으 로 대규모 부실채권이 발생해 채산성이 악화되고 결국 영업 정지에 이르게 된다. 이후 예금자에게 예금보험공사가 「예금 자보호법」에 따라 금5,000만 원씩 지급하고, 가교저축은행[3]

---

3) 가교저축은행은 예금보험공사가 100% 출자해 설립한 은행이다. 부실 저 축은행의 자산을 이전 받아 제삼자에게 매각할 때까지 한시적으로 운용되 는 저축은행이다.

을 통해 다른 금융회사에 매각되었다.

은행의 부실채권 매각

앞의 금융 구조에서 리스크 관리가 되지 않으면 위기가 오기 때문에 자산을 건전화(우량화)시킬 필요성이 있다. 대표적인 방법이 과일의 썩은 부분을 도려내듯이 추정손실처럼 회수가 어려운 부실채권의 매각이다. 떼였다고 보이는 부실채권은 은행 돈이 아니라 예금주의 돈이다. 이와 같은 측면이 은행이 이윤을 추구하는 회사지만 공공성이 요구되는 이유다. 또한, 정부가 예금주 돈의 보호를 위해 일정한 관리·감독을 하게 된다. 이와 같은 관리가 심해지면 관치로 변질되지만, 타인의 돈을 관리하는 금융회사는 도덕적 윤리가 있어야 하기 때문에 정부의 통제를 받는다. 곧 정부는 윤리를 잘 지키는지 여부를 관리·감독한다. 그 업무 중 하나로 금융위원회는 금융회사가 매각하려는 부실채권을 심사한다. 은행의 부실채권이 발생하면 보통 매년 상·하반기에 채권을 매각하게 된다. 매각하는 부실채권은 은행 임의로 매각하지 못하고 금융위원회 승인 후 규정에 의거해 매각한다.

이때 매각 규모는 각 시중 은행별 차이가 있지만, 최소 수백억 원부터 수천억 원까지 매각한다. 주요 매입자는 국민연금, 의료보험 등 연·기금과 보험회사가 있으며 사모펀드가 참여하기도 한다. 이후 자산유동화증권(Asset Backed Securities : ABS) 등을 통해 투자 자본 회수가 이루어진다. 자산관리회사(Asset Management Company : AMC)는 경매 등 자산관리에 필요한 업무를 수행하고 수익을 획득한다. 이 과정에서 과거 개인 투자자가 AMC를 통해 부실채권을 양수했다. 개인 투자자 입장에서는 이와 같은 흐름이 부실채권 투자와 거리가 있어 보인다. 그러나 발생되는 구조와 유통 경로를 파악해 부실채권에 대한 체계적인 이해가 필요하다.

〈표 3〉 한국의 금융회사

대분류	중분류	소분류	
은행		한국은행	
	일반은행	시중은행	
		지방은행	
		외국은행의 한국 지점	
	특수은행	한국산업은행, 한국수출입은행, 중소기업은행	
		농업협동조합중앙회, 수산업협동조합중앙회	
비은행 예금취급 회사		종합금융회사	
		상호저축은행	
	신용협동조합	신용협동조합	
		새마을금고	
		상호금융	
		우체국예금	
금융투자 회사		증권회사	
		자산운용회사	
		선물회사	

		투자자문회사
	신탁회사	은행(외국은행의 한국 지점), 증권, 보험, 부동산신탁
보험회사		생명보험회사
	손해보험회사	손해보험회사, 화재보험회사, 보증보험회사
		우체국보험
		공제회사
		수출보험회사
여신전문 및 기타회사	여신전문금융회사	시설대여회사, 신용카드회사, 할부금융회사, 신기술금융
	벤처캐피탈회사	중소기업창업투자회사
		기업구조조정투자회사
		증권금융회사
	금융지주회사	은행지주, 비은행지주
금융 보조 회사		금융감독원
		예금보험공사
		금융결제원
	신용보증회사	신용보증기금, 기술신용보증기금
		신용정보회사
		한국자산관리공사
		한국주택금융공사
		한국거래소
		자금중개회사
		정책금융공사

BIS 자기자본비율

금융회사가 보유하고 있는 채권의 회수 및 가치가 적정하면 금융회사의 경영성과와 재무상태를 우량하게 만든다. 그러나 적기에 대출 원리금 등을 수령하거나 회수하지 못하면 채권 회수율은 저하되고, 무수익여신이 되면 부실채권으로 전환된다. 결국 금융회사가 보유한 부실채권은 금융회사의 경영성과 및 재무상태 악화를 야기하고, 금융회사도 부실하게 만들어 도산하게 한다.

개인 채무자 입장에서 금융회사는 갑으로 보이지만, 금융회사는 금융위원회, 금융감독원 등 금융당국이 은행을 관리·감독하고 있다. 더 나아가 글로벌 경제로 인해 각 국가는 국제결제은행(Bank for International Settlements : BIS)의 규제를 받게 된다. BIS는 은행의 리스크에 대처하기 위해 은행의 자기자본비율 규제에 관한 국제적 통일기준을 설정한다. 은행의 자본 합계 금액이 은행의 자산 합계 금액보다 현저하게 작으면 부실은행으로 간주된다.

본래 금융회사뿐 아니라 대부분의 비즈니스에서 자기 돈인 자본만으로 운영되는 경우는 거의 없다. 사업을 계속하기 위해 자본뿐 아니라 남의 돈인 부채도 조달하고 투자하며 영업한다. 업종에 따라서 자본과 부채가 차지하는 비중이 달라질 뿐 금융회사도 예외는 아니다. 1988년 BIS는 자산 합계 금액을 100이라고 할 때 자본 합계 금액이 8 미만이면 부실은행이라고 간주했다. 이와 같은 8% 비율이 소위 BIS 자기자본비율의 시작이었다. 부채를 타인자본, 자본을 자기자본이라고도 한다. BIS 자기자본비율은 자산에 대해 최소한 자기자본 8%

이상을 유지해야 한다는 의미다. 이후 글로벌 경제의 확대 및 글로벌 금융위기의 선제적 대응을 위해 2004년에는 자본 8% 구성을 더욱 엄격하게 규제하는 BIS 자기자본비율이 발표되었다. 2010년에는 자본 비중이 8%에서 10.5%로 상향되었다.

자산건전성 분류와 대손충당금

회계에서 대손충당금은 매출채권 중 회수가 어렵다고 추정되는 금액을 비용으로 처리하기 위해 설정하는 계정이다. 은행의 대손은 채무자가 변제 능력을 상실해 발생한 대출채권이다. 은행은 BIS 자기자본비율을 충족하기 위해 대손충당금을 적립해야 한다.

대손충당금 적립 방침으로서 자산건전성 분류[4]는 금융회사가 대출채권을 채무자의 연체 기간 등을 기준으로 정상채권과 부실채권으로 분류하는 것이다. 채권회수 위험성 또는 채권 가치 훼손 위험성에 문제가 없으면 정상채권으로 분류하고 수익 발생이 중지되면 부실채권으로 분류한다. 곧 정상채권은 건전한 자산, 부실채권은 불량한 자산이다. 자산건전성 분류는 부실채권이 부실은행으로 전이될 위험을 사전에 차단하는 역할을 한다. 마치 암세포를 조기에 진단해 치료하지 않

---

4) 「은행업감독규정」(금융위원회고시 제2017-13호) 별표 3, 자산건전성 분류 기준.

으면 암세포가 몸 전체로 퍼져서 막을 수 없는 지경이 되는 것을 막기 위한 조치와 같다.

자산건전성 분류기준에 따르면 자산건전성은 정상, 요주의, 고정, 회수의문 및 추정손실이라는 5단계로 분류한다. 1단계는 정상, 2단계 요주의는 정상채권, 3단계는 고정, 4단계 회수의문 및 5단계 추정손실은 부실채권으로 분류한다.

연체 기간의 관점에서 1단계 정상은 채권회수에 문제가 없는 채권이지만, 2단계 요주의는 1개월 이상 3개월 미만 채무자가 연체한 채권이다. 3단계 고정은 3개월 이상 채무자가 연체한 채권 중 회수가 예상되는 금액이다. 4단계 회수의문은 3개월 이상 12개월 미만 채무자가 연체한 채권 중 회수가 예상되는 금액을 초과하는 부분이다. 5단계 추정손실은 12개월 이상 채무자가 연체한 채권 중 회수가 예상되는 금액을 초과하는 부분이다.

은행업감독규정[5]에 따르면 채권이 정상채권으로 분류되든 부실채권으로 분류되든 100% 회수되는 채권은 없다고 가정한다. 따라서 자산건전성에 따른 분류 채권에 대해 회수 불가능(회수 임파서블)으로 간주되는 부분을 다음과 같이 설정하고, 금융회사 재무상태표에 대손충당금이라는 이름으로 표시한다. 은행의 대손충당금을 확인하는 한 방법으로 전국은행연합회 홈페이지에서 은행업무정보 중 은행경영공시[6]에서 각 은행의 정기공시를 확인할 수 있다.

〈표 4〉 금융회사의 부실채권 설정

부실채권 설정 구분	퍼센티지
정상 분류채권의 대손충당금	100분의 1 이상
요주의 분류채권의 대손충당금	100분의 10 이상
고정 분류채권의 대손충당금	100분의 20 이상
회수의문 분류채권의 대손충당금	100분의 55 이상
추정손실 분류채권의 대손충당금	100분의 100

---

5) 「은행업감독규정」 제29조 제1항 제2호.
6) 전국은행연합회 은행업무정보 중 은행경영공시(http://www.kfb.or.kr/info/regular.html?m=list1&S=FE). 2017년 11월 15일 방문.

〈그림 2〉 KDB산업은행 2017년 2분기 대손충당금 설정

(단위: 억원, %, %p)

구 분			2017년도 6월말	2016년도 6월말	증 감
총 여 신	합 계		1,274,538	1,296,791	△22,253
	기 업		1,251,496	1,267,471	△15,975
	가 계		23,042	29,320	△6,278
	신 용 카 드		-	-	-
고정이하여신 (고정이하여신비율)	합 계		38,339 (3.01)	79,769 (6.15)	△41,430 (△3.14)
	기 업		38,321 (3.06)	79,748 (6.29)	△41,427 (△3.23)
	가 계		17 (0.07)	21 (0.07)	△4 (0.00)
	신 용 카 드		- (-)	- (-)	- (-)
무수익여신 (무수익여신비율)	합 계		34,287 (2.69)	65,271 (5.03)	△30,984 (△2.34)
	기 업		34,254 (2.74)	65,238 (5.15)	△30,984 (△2.41)
	가 계		32 (0.14)	33 (0.11)	△1 (0.03)
	신 용 카 드		- (-)	- (-)	- (-)
대손충당금적립률(A/B)			91.92	91.86	0.06
	무수익여신산정대상기준 제충당금 총계(A)		35,242	73,277	△38,035
	고정이하여신(B)		38,339	79,769	△41,430
연체율*	총대출채권기준 (계절조정후)		1.32 (1.46)	2.66 (4.04)	△1.34 (△2.58)
	기업대출기준** (계절조정후)		1.12 (1.37)	3.09 (3.11)	△1.97 (△1.74)
	가계대출기준** (계절조정후)		0.10 (0.11)	0.10 (0.10)	0 (0.01)
	신용카드채권기준 (계절조정후)		-	-	-

* 연체율은 1개월 이상 원리금 연체율 기준
** 은행계정원화대출금 및 신탁계정 기준

02

부실채권과 담보

주택담보대출

보편적으로 부동산을 취득하는 경우 전액 자기자본만으로 부동산을 매수하는 일은 거의 없다. 레버리지 활용을 통해 수익을 배가시키려 하기 때문에 부동산은 담보대출이 실행된다. 등기사항전부증명서에는 해당 부동산이 레버리지 활용을 위한 담보로 제공되고 있다는 표시로 근저당권을 설정한다.

이와 같이 담보대출 실행에 따라 근저당권이 설정되면 금융회사는 채무자의 원리금 변제 이행 여부에 따라 해당 대출채권을 정상채권과 부실채권으로 구분한다. 보통 대출거래를 하는 채무자는 개인 신용을 담보로 하는 무담보대출거래보다 부동산을 담보로 하는 대출거래의 경우 더욱 많은 금액을 대출금으로 수령할 수 있다. 대출금을 지급하는 채권자는 채권계약에서 정한 기한에 회수하기 어려운 상황에 도달하더라도 대출금 회수가 용이하기 때문이다.

일반적인 담보대출로서 부동산담보대출은 채무자가 정한

기한에 대출금을 상환하지 않는 연체가 3개월 이상이 되면 부실채권이다. 채권자인 금융회사는 채권회수를 위한 담보로서 채무자가 제공한 부동산을 매각할 수 있다. 채무자가 근저당 설정계약에 따른 이자 납입 등을 적기에 하지 못했을 때 채권자는 채권회수를 위해 채무자 동의를 받지 않고 근저당이 설정된 부동산을 매각할 수 있는 권리를 보장받고 있다.

이때 채권자의 담보 매각은 채무자보다 채권자에게 유리하게 매각되지 않아야 한다. 담보에 이해관계가 있는 채권자가 다수인 경우 특정 채권자에게 유리하지 않게 매각되어야 한다. 따라서 담보가 매각되는 과정은 최대한 공정한 절차를 거칠 필요가 있다. 일반적으로 법원이 주관하는 가운데 다수의 응찰자가 참여해 경쟁하는 경매 절차를 거치게 된다. 종합해서 말하자면 담보채권은 처음에 정상채권으로 시작한다. 이후 채무자의 성실한 변제 이행이 없으면 부실채권으로 분류된다. 담보권자인 금융회사는 채권회수를 위해 경매 과정을 거치게 된다. 따라서 부실채권과 경매는 서로 선·후행 관계다.

금융회사에게 원리금이 수령되지 않는 부실채권(Non-Performing Loan : NPL)도 처음에는 수익이 발생하는 정상채권(Performing Loan : PL)이었다. 부실채권 투자자 입장에서 금융회사가 보유한 정상채권은 자신의 투자 영역이 아니기 때문에 그다지 관심이 없을 수 있다. 그러나 부실채권은 정상채권으로부터 시작되므로 정상채권이 발생하는 담보대출에 대한 이해가 필요하다.

주택담보대출계약

「민법」에서 부동산은 토지와 그 정착물이고, 건축법 등 부동산 공법에서 부동산은 용도에 따라 분류된다. 부실채권 투자자가 선호하는 담보대출계약은 담보로 제공된 부동산 중 주로 주거용 건물에 대해 담보를 설정하고 발생되는 계약이다. 또한, 일반적인 소비대차거래의 하나로 주택을 담보로 채무자가 금전을 빌리고 채권자가 금전을 빌려준다.[7] 소비대차는 채권자가 금전 소유권을 채무자에게 이전할 것을 약정하고, 상대방은 같은 금액으로 반환할 것을 약정해 효력이 생긴다. 소비대차거래는 담보대출의 형태로 은행, 저축은행 및 대부업자를 통해 대출 및 대부가 이루어질 수 있다. 또한 개인 간 대차거래도 부동산을 담보로 대출계약과 개인 근저당 설정을 할 수 있다.

대출거래계약은 채무자가 돈을 빌리고 채권자가 돈을 빌려주기로 합의하면 성립하고 그 결과 대출거래계약서가 작성된다. 대출거래계약서는 채무자가 약정된 내용대로 변제하지 않거나 채권자가 합의한 기한보다 조기에 갚으라고 하는 경우 방어할 수 있는 근거가 된다. 따라서 계약의 성립 및 조건이 최대한 구체적으로 작성되어야 이해관계가 상충할 여지가 줄어든다. 일반인 담보대출 계약의 성립 및 조건은 다음과 같다.

---

7) 「민법」 제598조.

- 성명, 주민등록번호, 주소, 전화번호, 인감 및 서명 등 채권자와 채무자 인적사항
- 채무액
- 이자 조건
- 채무이행기일 및 채무이행방법
- 채무불이행시 위약금
- 기한
- 기타 조건

작성 방법

부동산담보대출계약 시 채무자가 개인인 경우 계약서를 작성하는 사람의 신분증과 인적 사항을 대조해 동일한 사람인지 여부를 확인한다. 채무액은 채무자가 빌리는 원금을 한글과 아라비아 숫자를 함께 작성하게 해 정확성을 기한다.

주택담보대출이 반드시 원금에 따른 이자가 있어야 하는 것은 아니다. 그러나 대부분 이자를 목적으로 하는 거래이기 때문에 이자가 있는 대출거래계약은 일정 한도 내에서 채권자와 채무자 간 합의로 이자율을 정한다.[8] 이자율에 대해 국민 경제생활의 안정과 폭리행위 방지 등 경제 정의 실현을 목적으로 금전대차에 관한 계약상 최고 이자율은 연 25%를 초과

---

8) 「이자제한법」 제2조 제1항, 「대부업 등의 등록 및 금융이용자 보호에 관한 법률」 제8조 제1항.

하지 않는 범위 안에서 정해야 한다. 대차 원금이 10만 원 미만인 대차의 이자에는 적용되지 않고 계약상 이자로 최고 이자율을 초과하는 부분은 무효가 된다.

대출거래계약은 채권자와 채무자 간 정한 기간만큼 채무이행을 늦춰주기 때문에 시기[9]로서 대출 실행 시점과, 종기[10]로서 대출 종료 시점이라는 기한은 채무자의 이익을 위한 것으로 간주된다. 채무이행이 늦춰지면 채무자는 채무이행기일이 도래하기까지 기한의 이익을 가질 권리가 있다. 채권자는 돈을 빌려줘야 할 의무 및 채무이행기일에 채무액을 수령할 권리가 발생한다. 대출거래계약은 채권자의 의무 및 권리, 채무자의 의무 및 권리에 관해 채권자와 채무자 간 합의하는 것이다.

채권자와 채무자 간 대출거래계약은 갑을 관계가 아니라 공정해야 한다. 공정거래위원회는 표준약관으로서 은행여신거래[11], 대부거래표준약관[12], 저당권 설정계약서[13] 및 근저당권 설정계약서[14]에 의거한 계약을 권고하고 있다. 개인 간 대출계약의 경우에도 활용하면 된다. 보통 금융회사는 은행여신거래기본약관과 대부거래표준약관을 이용한다. 은행, 저축은행

---

9) 「민법」 제152조 제1항.
10) 「민법」 제152조 제2항.
11) 공정거래위원회 표준약관 제10006호.
12) 공정거래위원회 표준약관 제10036호.
13) 공정거래위원회 표준약관 제10044호.
14) 공정거래위원회 표준약관 제10045호.

및 대부업자 등 금융회사는 대출거래계약 시 표준약관에 의거해 계약체결한다. 주택담보대출계약의 경우 담보권을 확보하기 위해 근저당권 설정계약서가 추가된다.

금융거래에 대해 일반인 입장에서 예금과 대출이라는 용어를 사용한다. 금융회사는 예금 등 입금을 수신, 대출 등 자금지급을 여신이라는 용어를 사용한다. 은행여신거래기본약관에 따르면 채무자 이자를 지급해야 할 때부터 주택담보대출의 경우 2개월간 지체한 때, 은행은 채무자에게 해당 채무에 대해 기한의 이익을 상실시킬 수 있다.[15] 기한의 이익 상실은 금융회사가 금융회사가 채무자에게 빌려준 대출금을 만기 전에 일시에 회수하는 것이다. 이때 은행은 기한의 이익상실일 7영업일 전까지 채무자에게 서면으로 사유 및 이에 따른 기한의 이익을 상실하고 대출잔액 전부에 대해 연체료가 부과될 수 있다는 사실을 통지한다.[16] 채무자는 통지가 도달한 날부터 7영업일이 경과한 날에 기한의 이익을 상실해 대출 잔액과 연체된 이자 전부를 변제해야 하는 의무가 있다.

담보대출비율의 결정

최근 정부는 가계 부실 촉발 우려에 대한 선제적 대응과 부동산 가격 안정화를 위해 부동산담보대출을 규제하고 있다. 그 방법으로 LTV(담보인정비율 또는 주택담보대출비율), DTI(총

---

15) 은행여신거래기본약관 제7조 제2항.
16) 일반적으로 배달증명부 내용증명이라는 방식으로 통지한다.

부채상환비율), DSR(채무상환비율 또는 총부채원리금상환비율)을 강화하고 있다. 이에 따라 금융위원회에 등록된 부실채권 대부법인 등으로 풍선효과가 발생하고 있다. 부실채권 법인 또는 P2P(Peer To Peer) 업자[17]를 통해 대부금액이 증가하는 현상이 생겼다. 참고로 부실채권 대부법인을 설립하는 경우 3억 원 이상의 자기자본을 갖춰서 금융위원회에 등록해야 한다. 요건 충족 시 자기자본의 10배 이내에서 부실채권을 양수할 수 있다. 최근 부동산 P2P 대출이 활성화되고 있는데 기존 대부업과 P2P 대출의 겸업은 금지다. P2P 업자가 대출을 실행하기 위해서는 온라인대출 정보연계대부업을 금융위원회에 등록해야 한다.

대부업법 시행령 개정에 따라 개인 투자자가 부실채권에 투자하려는 경우 부실채권 대부법인을 통해 채권 매입을 하는 경우가 많다. 기초로 대출 규모를 결정하는 담보대출비율에 대한 이해가 필요하다.

담보대출 규모를 정하기 위해 적용되는 대표적인 비율에는 LTV와 DTI가 있다. 부실채권 투자뿐 아니라 부동산을 활용한 모든 거래에 적용되는 비율이기 때문에 상식적인 면에서 알아둘 필요가 있다. LTV는 주택을 담보로 대출받을 때 적용되는 담보 가치 대비 대출 한도다. DTI는 소득 대비 대출을 받을 수

---

17) Peer to peer는 개인간 온라인 연결이라는 의미다. P2P 업자는 온라인대출정보연계대부업을 하기 위해 대부업자가 온라인대출정보중개업자와 연계할 때 온라인대출정보중개업자를 의미한다.

있는 한도이다. 예를 들어 뉴스에서 LTV를 70%로부터 60%로 강화한다 하자. 서울에서 5억 원 가치의 아파트를 매수할 때 과거에는 집값의 70%에 해당하는 3억 5,000만 원까지 대출을 받을 수 있다. 자본이 1억 5,000만 원만 있으면 됐다. 그러나 LTV 60%를 적용하면 3억 원까지만 대출받을 수 있어서 자기 자본이 2억 원이 필요하게 된다. DTI의 경우도 60%를 적용하면 연 소득이 5,000만 원인 경우 3,000만 원까지 원리금을 부담할 수 있다. 3,000만 원 한도에서 대출하겠다는 것이다. 대출 기간이 길수록 이자율이 낮을수록 상환해야 하는 원리금은 작아지고 대출 금액은 증가한다.

　정부의 대출 규제로 부동산 취득에 부족한 자금이 대부업자나 P2P 업자로 이동하고 있다. 대부업자에 대해 고리대금업자나 악덕 사채업자와 같은 부정적인 이미지로 받아들이는 경우가 많았다. 요즘은 대부업이 제3금융의 개념으로 자리 잡아 가고 있다. 부실채권 대부법인이 대부업 법에 따라 대부법인으로 등록이 의무화되고 있다. P2P 대출도 대부업법의 적용을 받고 있기 때문에 부실채권 투자자는 대부업에 관한 부정적인 시각과 관념에서 탈피해야 한다. 실무적으로 부실채권 대부법인은 부동산담보대출을 하는 경우 비록 LTV 등 정부의 규제를 받지 않는다. 그러나 제1금융권 등 선순위 담보대출비율을 파악하고 있어야 적정한 대출 금액 산정이 가능하다.

대부거래약정

은행여신거래기본약관에 따른 대출과 대부거래표준약관상 대부는 동일하게 채권자가 채무자에게 돈을 빌려주는 것이다. 은행이 돈을 빌려주면 여신, 대부업자가 돈을 빌려주면 대부라고 부르는 용어의 차이일 뿐이다. 대부거래표준약관 제7조에 따르면 대출거래계약서에는 다음 사항이 기재되어야 한다.

〈표 6〉 대출거래계약서 기재 사항

- 대부업자의 상호, 주소, 전화번호 및 사업자등록번호
- 대부업 등록번호
- 채무자의 성명, 주소, 전화번호, 성별 및 생년월일
- 계약 일자
- 대부금액
- 이자율 세부내역 및 연 이자율 환산을 포함한 이자율
- 연체이자율
- 변제 기간 및 변제 방법
- 대부금을 변제받을 은행계좌번호
- 채무의 조기상환 조건
- 부대비용이 있는 경우 그 내용 및 금액

주의가 필요한 우선변제 채권

채무자가 원리금을 적기에 변제 이행하지 않아 금융회사가 채권회수절차에 돌입하는 경우 해당 채권자보다 우선해 변제받는 선순위 채권자가 적을수록 채권회수 금액이 많아지게 된

다. 보통 담보대출은 채권회수 방법이 경매로 진행된다. 이 경우 예측할 수 없는 선순위 채권이 발생하면 채권회수 금액은 감소하고, 그 금액이 많을수록 자신의 채권회수 금액은 감소할 우려가 있다. 대부분의 채권은 등기부에 기재되어 나타나기 때문에 사전에 채권의 우선 여부와 규모 등을 파악할 수 있다. 한편 등기부에 나타나지 않지만 선순위 효력을 갖는 채권이 있기 때문에 주의가 필요하다.

부실채권 투자나 대부계약 시 선순위 우발채권의 파악이 매우 중요하다. 대표적인 우발채권으로 세금과 임금채권이 있기 때문에 이에 대한 조사와 분석이 필요하다. 투자나 대부 시 채무자에게 대출거래계약보다 우선하는 채무로 세금이 있다. 대출거래계약체결 전에 밀린 세금이 없다는 확인으로 채무자의 국세 및 지방세 납세증명서를 받아야 한다. 원금 손실이 일어나는 일을 방지하기 위해서다. 이외에 부실채권 매입 시에 양도인 금융회사로부터 받은 론파일(loan file)에 국세 및 지방세 완납증명서가 첨부되어 있는지 여부를 확인해야 한다. 다만 론파일에 납세증명이 있다고 해서 전적으로 신뢰하고 체납이 없다고 속단해서는 안된다. 법정기일이 경과했지만, 납부기한은 아직 경과하지 않은 세금이 존재할 우려가 있다. 이 세금은 납세증명서에 표시되지 않는다. 이때 세무서에 법정기일이 도래했지만 납부기한이 아직 도래하지 않은 세금이 존재하는지 여부를 문의해야 한다. 채무자의 납세 관련 내용은 개인정보에 해당하기 때문에 채무자의 승낙을 얻어 문의해야 한다.

담보채권을 양도하는 이유

대부거래표준약관[18])에 따르면 금융회사는 채권을 양도할
수 있다. 채권 양도는 채무자의 지위는 종전대로 유지되고 채
권자가 변경된다는 의미다. 채권자가 변경되려면 대출거래계
약 시 채무자의 동의가 있어야 한다. 채권 양도는 채권자가 양
도인으로서 채권을 매각할 수 있고 양수인은 채권을 매수할
수 있다는 의미다. 채권은 매매를 통해 양도·양수된다. 금융
에 별다른 지식이 없는 보통 사람의 입장에서 대출채권이 일
반 상품처럼 매매될 수 있다는 사실이 생소할 수 있다. 그러나
저축은행을 감독하는 규정에도 대출채권 매매기준, 대출채권
매입거래 및 대출채권 매도거래라는 용어를 사용하고 있다.[19])

금융회사가 채권을 매매하는 이유는 여러 가지지만, 주된
이유는 부실은행으로 등급 하락을 방지하기 위해서다. 부실채
권을 과다하게 보유하면 BIS 자기자본비율에 의거해 자본도
더욱 많이 보유해야 한다. 수백억, 수천억 및 수조 원에 달하는
자본을 조달하는 것보다 부실채권을 보유하지 않고 매각하는
것이 용이하기 때문이다. 부실채권을 보유하지 않고 바로 매
각하면 금융회사 자산이 현저하게 감소하고 이에 따라 최소
한 보유해야 하는 금융회사 자본도 감소한다. 최소한 유지해

---

18) 대부거래표준약관 제17조.
19) 「상호저축은행업감독규정」 제22조의4.

야 하는 BIS 자기자본비율에 대처하기가 더욱 쉽다.

보통 부동산담보대출의 경우 채권자 금융회사가 부실채권을 보유하고 있다가 현금으로 회수하기까지 1년 이상이 소요된다. 그러나 부실채권을 보유하지 않고 양수인에게 양도하면 바로 자본이 회수된다. 채권자에게 채권의 신속한 회수는 생존과 직결되어 있다. 반드시 회수되어야 하고 최대한 신속하고 정확하게 회수되어야 한다. 가능한 한 빨리 자금을 회수하는 것이 금융기술이다. 부실채권 투자자는 금융회사는 아니지만 투자 시 채권자 입장에 서게 된다. 금융기술을 익히는 것이 성공 투자로 가는 길이다.

유동화

자산 중에서 결제나 지불 등 이동하기 가장 편리한 자산은 현금이다. 최근 주화, 지폐와 같은 현금 사용은 지속적으로 감소한다. 대신 전자화폐인 신용카드, 스마트폰 결제는 보편화되어 이미 현금 사용을 넘어섰다. 이제는 비트코인이라는 가상화폐까지 등장하는 시대가 되었다. 비트코인은 악용되기도 하는데 랜섬웨어로 컴퓨터를 못 쓰게 만들어놓고 컴퓨터를 인질(?) 삼아 금전을 요구하는 등 각종 신종 범죄가 생겨나고 있다. 이때 범죄자가 화폐 대신 비트코인을 요구하는 식으로 범죄의 형태까지 바뀌는 것을 보면 이제는 일시적 유행을 넘어

트렌드가 되었다고 할 수 있다.

금융이 다양한 형태로 진화되어가듯이, 금융 거래의 결과물인 채권을 활용하는 방법도 다양하게 발전해간다. 그중 하나가 자산유동화다. 채권자는 가능하면 수익이 발생하지 않는 무수익채권보다 새로운 수익을 창출할 수 있는 현금 보유를 원한다. 무수익채권인 부실채권을 매각해 새로운 수익을 창출할 수 있는 현금 자본으로 바꾸는 과정이 자산유동화다.

유동화를 하는 방식은 여러 가지가 있다. 양도인과 양수인 간 직접 부실채권 단품 매매를 할 수 있다. 다수의 부실채권을 묶어서 한 덩어리(bulk)로 매매할 수 있다. 한 덩어리로 묶은 부실채권이 수백, 수천 등 규모가 커지게 되면 자산관리회사(AMC)가 신용보강을 해 자산유동화증권(ABS)를 발행할 수도 있다.

AMC는 보유한 채권을 회수해야 한다. 그 방법으로 AMC가 직접 경·공매 절차를 통해 회수할 수 있다. 모든 채권이 경매 절차를 거치는 것은 아니다. 채권을 매각해 수익을 획득하기도 한다. 이때 개인 투자자가 매수의 기회를 획득하게 된다.

각 방식에는 장단점이 있고 각종 계약방식으로 부실채권을 거래되고 있다. 개인 투자자가 투자 목적으로 부실채권을 직접 매입하는 것은 금지되어 있다. 이 책에서는 부실채권 대부 법인을 포함한 AMC를 통해 부실채권을 매수하는 방법과 직접 금융회사 법인을 설립하는 등 대부하고 채권을 회수하는 유동화에 대해서 논하고자 한다.

근저당권 설정

　보통 금융회사와 거래하는 경우 금융회사 직원이 각종 계약서 양식에 표시하고 해당란에 작성과 서명을 하게 한다. 그 양식에 어떤 내용이 담겨 있는지 꼼꼼하게 검토한 다음 서명하고 날인하는 경우는 거의 없다. 필자 역시 금융회사 출신이지만 카드를 발급받는 경우에 보통 사람과 마찬가지로 그 내용을 꼼꼼하게 확인하지 못하고 서명하는 경우가 있다. 그 양식의 모든 내용을 그 자리에서 검토하는 것은 불가능에 가깝다.

　부동산담보대출도 마찬가지다. 채무자는 금융회사가 제공하는 각종 계약서를 작성한다. 어떤 종류의 계약서가 작성되는지 내용을 파악하지 못한다. 금융회사 직원이 설명하는 내용만 듣고 그 계약서에 서명하고 날인하는 경우가 다반사다. 보통 사람은 대출계약서만 작성하면 모든 계약이 체결되는 것으로 알고 있다. 부동산담보대출은 채무자가 대출거래계약서 외에 근저당권 설정계약서를 작성한다. 근저당권 설정계약서와 대출거래계약서를 보면 계약 내용이 다르다.

　부실채권 거래를 약정하는 것은 근저당 채권을 이전받는 의미가 있다. 또한, 실무적으로 이전(transfer)에 따른 대출 관련 서류인 론파일은 받는다. 근저당설정 관련 약정서류가 빠짐없이 갖춰졌는지, 그 서류에 오기나 누락이 없는지 여부도 파악해야 한다. 저당 및 근저당에 관한 이해가 기초가 된다.

저당권과 근저당권

저당권

저당권은 채권자가 채무자 또는 제삼자로부터 점유 이전을 받지 않고 채권의 담보로 제공된 목적물에 대해 일반 채권자에 우선해 변제받을 수 있는 약정담보물권이다. 채무자가 채무이행을 하지 않을 경우 경매를 통해 그 대금에서 채권 우선 변제를 받을 수 있다.

근저당권

부동산담보부 부실채권과 관련이 깊은 근저당권은 계속적인 거래를 위해 약정한 최고액 범위를 한도로 채권 결산기라는 일정 시점까지 담보하는 저당권이다. 저당권은 피담보채무가 변제되면 저당권이 소멸한다. 근저당권은 피담보채무가 전액 변제되어도 채권자와 채무자 간 사전에 근저당권을 말소하기로 약정하지 않는 한 근저당권은 소멸되지 않는다. 근저당권은 계속적인 거래로 증감 변동하다가 결산기에 확정된 채무를 담보하는 저당권이 된다.

근저당권 및 저당권의 대상

근저당권 및 저당권을 설정할 수 있는 것은 소유권, 지상권 및 전세권이다.

근저당권 및 저당권의 성질 및 차이

① **공시 원칙** : 저당권은 등기를 해야 효력이 발생한다.

② **순위확정 원칙** : 동일한 부동산에 여러 개의 저당권이 설정된 경우 순위는 등기 설정 선후에 따른다.

③ **경매 청구권** : 저당권자는 채권 변제를 받기 위해 저당물 경매를 청구할 수 있다.

〈표 7〉 근저당권과 저당권의 차이

차이점	근저당권	저당권
담보채권	장래 증감 변동하는 불특정 채권	현재 확정액
소멸 여부	결산일에 피담보채권이 확정되기 전까지 피담보채권이 소멸하더라도 유지	현재 채권이 소멸하면 함께 소멸
변제 효력	변제하더라도 결산기 전이면 채권이 소멸하지 않음	변제하면 채권 소멸
등기 금액	피담보채권 최고액(채권액이 최고액을 초과해도 최고액 이상의 우선변제권은 없음)	피담보채권액

저당권 및 근저당권 설정계약

부동산담보대출거래 시 근저당권 설정계약이 체결된다. 근저당권은 저당권의 한 종류이기 때문에 저당권에 대해 이해하고 난 후 근저당권으로 넘어가는 것이 순서다. 채권자 입장에서 담보대출은 채무자를 믿고 금전을 빌려주는 것이 아니라 담보를 믿고 금전을 빌려주는 것이다. 시쳇말로 사람은 믿을 수 없지만, 담보의 가치는 믿는 것이다. 채무자는 채권자를 배신하고 채무불이행할 수 있다. 그러나 채무자가 책임지지 않은 채무를 책임지는 담보는 채권자를 배신하지 않는다. 부동산담보대출은 채무자가 채권자에게 담보로서 부동산을 제공하지 못하면 대출이 실행되지 않는다. 담보는 채무불이행으로 채권자가 입을 재산 손실에 대비한 보험 역할을 한다. 채무불이행하면 채권자는 부동산을 처분해 채권을 회수한다. 따라서 금융회사는 대출을 실행하기 전에 부동산의 시장가치(소위 시세)를 확인하게 된다. 시세가 채무불이행 시 채권을 회수하기에 충분해야 대출이 실행된다.

보편적으로 금융회사는 시세 조사 방법으로 감정평가를 받거나 내규에 따라 결정하게 된다. 부동산 중 담보로 자주 이용되는 아파트의 경우 KB국민은행의 KB 부동산시세[20] 중 과거 시세 조회를 이용한다. 해당 아파트의 전용면적 수년치 하한 평균가 중 가장 낮은 금액을 시세로 간주하고 적용하는 경우가 많다.

〈그림 3〉 저당권 설정계약서와 근저당권 설정계약서의 차이

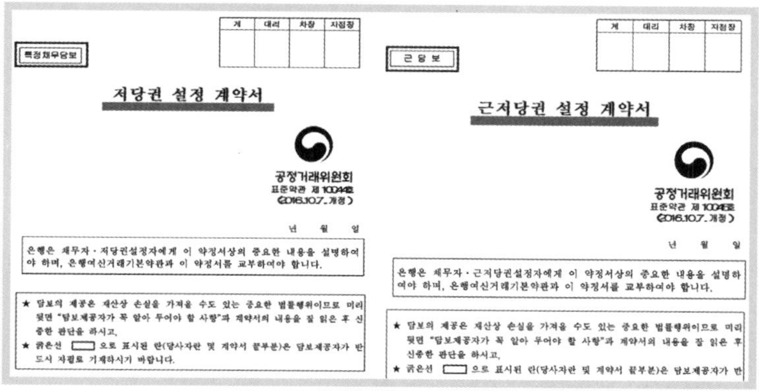

---

20) KB국민은행의 KB부동산 시세(http://nland.kbstar.com/quics?page=B046949).
2017년 11월 15일 방문.

저당권 설정계약서와 근저당권 설정계약서에서 특정채무담보와 근담보라는 용어가 다르다. 특정채무담보와 근담보는 '특정채무'라는 용어와 '근'이라는 용어가 다르다. 이는 담보의 책임 한계가 어디까지인지에 따른 차이다. 담보는 채무자의 채무를 한정해 책임질 수도 있고, 무한정으로 책임질 수도 있다. 특정채무담보는 계약 시 정한 채무만 책임지고 채무가 연장 또는 재약정되거나 다른 채무로 대환되는 대출 갱신은 책임지지 않는 담보다. 근담보는 채권자와 채무자 간 현재 및 미래 거래계약에 따른 현재 및 미래 채무를 채권최고액이라는 일정 한도를 정해놓고 책임지는 담보다.

특정 담보와 근담보는 저당과 근저당의 차이다. 특정채무담보는 현재 채무만을 담보하기 때문에 채권최고액이 필요 없다. 근담보는 현재 채무뿐 아니라 계속적인 거래에서 발생하는 불특정 미래 채무를 일괄해 담보해야 한다. 발생할 가능성이 있는 최대 채무 금액을 사전에 예상해 그 금액까지 담보할 필요가 있다.

보편적으로 담보대출상 이용되는 근담보는 다시 담보가 책임지는 채무 범위를 세분해 특정근담보, 한정근담보 및 포괄근담보로 구분한다. 특정근담보는 대출거래계약서와 같은 특정 거래계약으로부터 계속적으로 발생하는 채무와 그 채무의 연장을 책임지지만 채무가 재약정되거나 다른 채무로 대환되는 경우는 책임지지 않는다. 한정근담보는 특정 종류의 거래계약으로부터 계속적으로 발생하는 채무와 그 채무의 연장,

채약정 및 같은 종류의 다른 채무로 대환을 책임지지만, 다른 종류의 채무로 대환을 책임지지 않는 담보다. 포괄근담보는 채권자와 채무자 간 모든 종류의 거래계약으로부터 계속적으로 발생하는 채무와 모든 종류의 채무 연장, 재약정 및 대환을 책임지는 담보로 현재 및 미래에 발생할 불특정 채무를 채권최고액이라는 일정 한도까지 책임지는 담보다.

포괄근담보는 담보가 책임지는 채무 범위가 지나치게 광범위하다. 채무자가 부동산담보대출을 전액 상환해도 신용카드 채권 등 다른 종류의 대출을 연체하면 그 채무불이행을 담보인 부동산으로 여전히 책임져야 하는 과잉채무 논란이 있었다. 금융위원회는 2012년 4월 15일 금융회사가 개인을 대상으로 포괄근저당권을 설정하는 것을 전면 금지했다.

근담보는 특정 거래계약을 책임지는 특정근담보든 특정 종류의 거래계약을 책임지는 한정근담보든 채권최고액이라는 일정 한도까지 채무를 책임지는 공통점이 있다. 한편 특정근담보와 한정근담보는 책임을 한정하고 포괄근담보는 무한정 책임이다.

저당권 설정계약서에는 채권자, 채무자 외에 '저당권자', '저당권 설정자'라는 용어를 사용하며 각기 채권자 겸 저당권자, 채무자 및 저당권 설정자가 이름과 주소를 작성하게 되어 있다.

저당권의 설정과 피담보채무의 표시

부동산담보대출에는 채권자, 채무자 외에 저당권자, 저당권 설정자가 등장한다. 저당권은 채무자가 책임지지 않은 채무를 담보 물건이 책임져야 하고 채권자가 다수인 경우 다른 채권자보다 우선해 자기 채권을 회수할 수 있는 물권이다. 본래 채권자는 채권을 회수할 권리가 있다. 여기에 부동산담보대출의 경우 채권자가 근저당권자까지 되면 채무자가 책임지지 않는 채무를 담보가 책임지게 계약한 권리자도 된다. 채권자가 2명 이상인 경우 선순위로 근저당이 되었다면 다른 채권자보다 채권회수 우선권이 있다. 이와 같은 우선권이 없다면 채권자가 담보를 믿고 무담보대출보다 많은 대출금을 채무자에게 빌려줄 이유가 없다.

저당권 설정자는 채무자가 책임지지 않은 채무를 담보가 책임지게 계약한 의무자다. 부동산담보대출의 경우 채권을 회수할 권리자로서 채권자, 채무를 갚아야 할 의무자로서 채무자, 담보채권회수 우선 권리자로서 저당권자, 채무자가 책임지지 않은 채무를 담보로 갚아야 할 의무자로서 저당권 설정자가 부동산담보대출의 직접적인 이해관계자다. 보편적으로 대부계약은 채무를 갚아야 할 의무자로서 채무자와, 채무를 담보로 갚아야 할 의무자로서 저당권 설정자가 일치한다. 저당권 설정계약 시 채무자가 채무를 갚지 않을 경우 저당권 설정자가 담보로 채무를 갚아야 하기 때문에, 갚아야 할 채무를 표시하며 다음과 같다.

<그림 4> 저당권 설정계약서에서 피담보채무의 표시

제1조 (저당권의 설정) 저당권설정자(이하 "설정자"라 합니다)는 은행여신거래기본약관을 승인하고, 채무자의 채권자에 대한 다음 채무를 담보하기 위하여 이 계약서 끝부분에 기재한 물건(이하 "저당물건"이라 합니다)에 저당권을 설정합니다.

피담보 채무의 표시 :

거 래 약 정	년 월 일자 약정서		
금 액	금 원		
상 환 기 일	년 월 일		
이자율·지급시기	연 %		
지연배상금	상환기일에 지급을 아니한 때 또는 기한의 이익을 상실한 때에는 지급하여야 할 금액에 대하여 곧 연 %의 율로 1년을 365일로 보고 1일단위로 계산한 지체일수에 해당하는 지연배상금을 지급합니다.		

저당 물건의 목록

부동산담보대출의 경우 부동산에 저당권이 설정되면 저당권 설정자는 채무자가 책임지지 않은 채무를 담보로 책임져야 하는 의무에서 벗어나기를 원한다. 채무자가 채무이행하지 않으면 저당권 설정자가 담보로 채무를 이행해야 하기 때문이다. 반대로 채무자가 채무이행하면 저당권 설정자도 담보로 채무를 이행해야 하는 의무에서 해제된다. 채무자와 저당권 설정자는 한배를 탄 운명 공동체다. 이후 채무자가 계약에 따른 변제 이행을 완료하면 채권자는 저당권 효력 소멸을 저당권 설정자에게 통보해야 한다.

채무자가 채무이행하면 설정된 저당권은 행사되지 않고 소멸한다. 반대로 채무자가 채무불이행하면 설정된 저당권이 행사되어 담보로 채권을 회수한다. 채무불이행 시 저당권은 채권이 양도되면서 채권과 함께 양수인에게 이전될 수 있다. 채무자와 저당권 설정자뿐 아니라 채권과 저당권도 한배를 탄운명 공동체다. 부동산담보대출의 경우 채권이 태어나면 저당권도 태어나고 채권이 이동하면 저당권도 이동하며, 채권이 소멸하면 저당권도 소멸한다. 부동산담보대출의 경우 저당권 설정계약 시 담보가 되는 물건을 표시하고 순위를 표시해야 하며 다음과 같다.

〈그림 5〉 저당 물건 목록의 표시 및 순위

제11조(특약사항)		
설정자 :		(인)
저당물건 목록 :		
대 상 목 적 물 의 표 시	순	위

피담보채무의 범위

순위는 저당권의 순서다. 저당권자는 담보채권회수 우선권이 있다. 그런데 담보 물건에 대해 2개 이상 저당권이 설정되어 저당권자가 2명 이상일 경우 그중에서 또 누가 우선권이 있는지 정하지 않으면 서로 자신의 채권을 먼저 회수하기 위해 다툴 우려가 있다. 저당권은 선착주의를 적용하는 물권으로 순위를 정한다. 순위는 저당권 설정일자가 빠른 순서로 정한다. 1순위 저당권자는 선순위 저당권자, 2순위 저당권자는 후순위 저당권자 하는 식으로 순위 란에 아라비아 숫자로 표시한다.

근저당권 설정계약 시 저당권 설정 대신 근저당권 설정, 저당권 설정자 대신 근저당권 설정자로 표시한다. 근저당권 설정계약서는 저당권 설정계약서에 없는 근담보 종류를 제시하고, 근저당권자와 근저당권 설정자 간 합의해 근저당권 설정자가 자필 서명으로 근담보 종류를 선택한다.

〈그림 6〉 근저당권 설정계약서에서 근담보 종류의 선택

제1조 (근저당권의 설정) 근저당권설정자(이하 "설정자"라 합니다)는 은행여신거래기본약관을 승인하고, 이 계약서 끝부분 "근저당물건 목록"란에 기재한 물건(이하 "근저당물건"이라 합니다)에 다음 내용으로 근저당권을 설정합니다.

  1. 피담보채무의 범위
    채권자는 피담보채무의 범위를 달리하는 다음의 세 유형 가운데 어느 하나를 설정자가 선택 할 수 있음을 설명하였고, 그 가운데 ☐ 에서 정한 채무(이자, 지연배상금 기타 부대채무를 포함합니다)를 담보하기로 합니다.

    ┌─────────┐
    │ 특정근담보 │
    └─────────┘
    채무자가 채권자(본·지점)에 대하여 다음 약정서에 의한 거래로 말미암아 현재 및 장래에 부담하는 모든 채무
            년   월   일자   약정서
            년   월   일자   약정서

┌─ 한정근담보 ──┐
│ 채무자가 채권자(본·지점)에 대하여 다음 종류의 거래로 말미암아 현재 및 │
│ 장래에 부담하는 모든 채무   │
│   거래,   거래   │
└──┘

┌─ 포괄근담보 ──┐
│ 채무자가 채권자(본·지점)에 대하여 현재 및 장래에 부담하는 다음 채무   │
│ 가. 어음대출, 증서대출, 당좌대출, 어음할인, 지급보증, 매출채권거래, 상호부 │
│   금거래, 사채인수, 외국환거래 기타 여신거래로 말미암은 모든 채무   │
│ 나. 신용카드거래로 말미암은 채무(채무자 이외의 제3자가 담보를 제공한 경 │
│   우 제외)   │
│ 다. 채권자와 제3자와의 위 '가'의 거래에 대한 보증채무   │
│ 라. 채권자가 제3자와의 위 '가'의 거래로 말미암아 취득한 어음 또는 수표상 │
│   의 채무   │
└──┘

근저당권 결산기

담보로 책임져야 하는 채무의 범위가 피담보채무이고, 채권자 입장에서 피담보채무는 담보채권이 된다. 근저당은 장래 증감 변동하는 불특정채무를 채권최고액 한도를 설정해 담보한다. 장래가 특정되지 않으면 채권자와 채무자 간 이해가 상충해 채무를 특정할 시기로서 결산기를 정해야 한다. 근저당권 설정계약 시 결산기는 지정형, 자동확정형 및 장래지정형 등 계약조건에 따라 특정되고 이를 피담보채권의 확정이라 한다. 근저당권 설정계약 시 근저당권자와 근저당권 설정자 간 합의해 근저당권 설정자가 근저당권 결산기를 선택해 자필 서명한다.

<그림 7> 근저당권 결산기의 종류

3. 근저당권 결산기

채권자는 근저당권 결산기를 정하는 다음의 세 유형 가운데 어느 하나를 설정자가 선택할 수 있음을 설명하였고, 설정자는 [ ] 에서 정한 날을 결산기로 하기로 합니다.

지 정 형

년   월   일

자동확정형

정하지 아니합니다.

이 경우 계약일부터 3년이 경과하면 설정자는 서면통지에 의하여 근저당권 결산기를 지정할 수 있기로 하되, 그 결산기는 통지 도달일부터 14일 이후가 되어야 하며, 이에 미달하는 때에는 통지 도달일부터 14일이 되는 날을 결산기로 합니다. 다만, 5년이 경과할 때까지 설정자의 별도 의사표시가 없는 경우에는 계약일부터 5년이 되는 날을 결산기로 합니다.

장래지정형

정하지 아니합니다.

이 경우 계약일부터 3년이 경과하면 설정자는 서면통지에 의하여 근저당권 결산기를 지정할 수 있기로 하되, 그 결산기는 통지 도달일부터 14일 이후가 되어야 이며, 이에 미달하는 때에는 통지 도달일부터 14일이 되는 날을 결산기로 합니다.

근저당권 설정은 채권최고액이라는 담보할 채무의 최고액만 정하고 채무를 확정하지 않은 채 장래로 보류한다. 저당권은 채무가 특정되어 있기 때문에 채권최고액이 없다. 이와 대조적으로 근저당권은 채무가 불특정 다수이기 때문에 채권최고액이 필요하다.[21]

---

21) 채권최고액은 근저당권자와 다른 채권자 간 관계에서 근저당권자의 우선변제권 한도를 정한 것에 불과하다. 근저당권자와 채무자 간 관계에서 근저당권자는 채권최고액의 한도를 넘는 피담보채권 부분에 관해 배당을 받을 수 있다(80다2712 판결, 2001다59081 판결, 2006가합1460 판결).

부동산담보대출의 경우 채권최고액은 대출거래계약서의 대출 금액보다 크다. 예를 들어, 채권자와 채무자 간 주택담보대출거래계약으로 2017년 11월 16일 14억 원을 채무자에게 빌려주는 채권이 발생하는 경우, 채권최고액은 16억 8,000만 원으로 설정된다. 대출 금액과 채권최고액 간 차이 2억 8,000만 원은 계속적인 채권자와 채무자 간 거래 관계에서 따라 이자 지급, 채무 연장, 재약정 및 대환과 같은 대출 갱신 등 채무자의 추가 지급에 대비해 채무가 최고로 늘어날 수 있는 한도 역할을 한다. 한편 채무는 증가할 뿐 아니라 감소할 수도 있다. 채무자는 2017년 11월 16일부터 보통 3년의 대출거래계약 기간 동안 14억 원의 일부 또는 전액을 변제할 수 있기 때문이다. 이와 같이 채무는 고정되어 있지 않고 변동한다.

　　채무가 계속 변동한다면 채권자는 도대체 얼마의 채권을 회수해야 하는지, 채무자는 도대체 얼마의 채무를 변제해야 하는지 알 수 없다. 증감하는 채무는 특정 시점에 변동을 중지하고 확정되어야 할 필요가 있다. 따라서 채권자와 채무자 간 수차례 거래해 채무가 증감 변동한 것을 어느 한 시점에 더하기 빼기를 해보니 얼마라고 특정하는 근저당권 결산기가 있어야 한다.

　　근저당권 결산기의 한 종류로서 자동확정형은 대출거래계약 시점으로부터 3년이 경과하면 1차적으로 근저당권 설정자가 서면 통지로 결산 시점을 지정해 채무가 확정된다. 제1차 결산 시점에 관해 근저당권 설정자의 별도 의사표시가 없으면 대출거래계약 시점으로부터 5년이 경과한 시점이 결산 시점이 되어 채무가 확정된다.

장래지정형은 대출거래계약 시점으로부터 3년이 경과하면 1차적으로 근저당권 설정자가 서면 통지로 결산 시점을 지정해 채무가 확정된다. 근저당권 설정자가 별도로 결산 시점을 지정해 통지하지 않으면 2차적으로 어느 때라도 결산 시점을 선택할 때 채무가 확정된다. 채권자가 채권을 회수하고 채무자가 채무를 상환하려면 반드시 채무가 확정되는 결산 시점이 확정되어야 한다.

근저당권 설정 비율

채권최고액은 채무자의 현재 및 미래 채무 모두를 감안해 설정하는 것이 원칙이다. 실무에서 금융회사는 대출실행 시 채권 금액에 120~130%라는 일정 비율을 곱해 설정한다. 이때 채권 금액에 곱하는 일정 비율을 근저당권 설정 비율이라 한다.

등기사항전부증명서의 권리자 및 기타사항 열에 표시된 채권최고액 1억 원은 채무자 겸 근저당권 설정자와 근저당권자 ○○○○주식회사가 1991년 5월 17일 근저당권 설정계약에 합의해 설정되었다. 채권최고액이 1억 원이면 대출실행 시 대출 금액이 8,000만 원이라는 의미다. 이 예는 8,000만 원에 근저당권 설정 비율 125%를 곱해 채권최고액이 1억 원으로 설

<그림 8> 등기사항전부증명서에서 채권최고액의 표시

[토지] 서울특별시 강남구 대치동 고유번호

【 을 구 】 (소유권 이외의 권리에 관한 사항)

순위번호	등 기 목 적	접 수	등 기 원 인	권 리 자 및 기 타 사 항
~~1~~ ~~(전 3)~~	~~근저당권설정~~	~~1991년6월14일~~ ~~제60555호~~	~~1991년5월17일~~ ~~설정계약~~	~~채권최고액 금일억원정~~ ~~채무자~~ ~~인천시 북구 부평동~~ ~~근저당권자 보령장업주식회사~~ ~~서울 종로구 원남동~~ ~~공동담보 동소동번지 건물~~
~~1-1~~ ~~(전 3-2)~~	~~1번근저당권변경~~	~~1998년5월27일~~ ~~제31602호~~	~~1998년5월21일~~ ~~계약인수~~	~~채무자~~ ~~경기 군포시 산본동~~
~~2~~ ~~(전 4)~~	~~근저당권설정~~	~~1992년9월4일~~ ~~제92825호~~	~~1992년9월4일~~ ~~설정계약~~	~~채권최고액 금일억원정~~ ~~채무자~~ ~~안양시 관양동~~ ~~근저당권자 보령장업주식회사~~ ~~서울 종로구 원남동~~ ~~공동담보 동소동번지 건물~~
~~2-1~~ ~~(전 4-2)~~	~~2번근저당권변경~~	~~1998년5월27일~~ ~~제31604호~~	~~1998년5월21일~~ ~~계약인수~~	~~채무자~~ ~~경기 군포시 산본동~~
~~3~~ ~~(전 5)~~	~~근저당권설정~~	~~1994년2월15일~~ ~~제9229호~~	~~1994년2월14일~~ ~~설정계약~~	~~채권최고액 금일억원정~~ ~~채무자~~ ~~안양시 동안구 관양동~~ ~~근저당권자 보령장업주식회사~~ ~~서울 종로구 원남동~~ ~~공동담보 동소동번지 건물~~

열람일시 : 2016년06월02일 10시20분29초 6/14

정된다.

이 채권이 부실채권으로 9,500만 원에 양도되고 경매가 진행되어 배당일까지 500만 원의 연체이자가 발생하는 경우, 채권 양수인은 500만 원의 수익을 획득한다. 만약 연체이자가 600만 원이 발생해도 채권 양수인은 우선변제 수령 금액이 500만 원으로 한정된다. 이와 같이 채권최고액 설정 비율이 부실채권 투자에 영향을 미친다. 근저당권 설정 비율이 높을수록 투자자 입장에서 수익을 획득할 가능성이 커진다.

실무적으로 연체이자를 높이기 위한 방법으로 근저당권자의 매각기일변경 신청이 있다. 매각기일변경 신청으로 연체이자를 쌓을 수 있기 때문이다. 경매 절차로서 매각기일변경 절차도 알아둘 필요가 있으므로 나중에 별도 설명하고자 한다.

모든 부동산담보대출에서 근저당권 설정 비율이 125%로 고정된 것은 아니라, 금융회사마다 다르게 설정된다. 등기사항전부증명서에는 근저당권 설정 비율은 표시되지 않고 채권최고액만 표시된다.

질권설정계약

요즘은 대부분 사라졌지만, 과거 물건이 귀하던 시절에는 돈이 필요한 사람에게 물건을 담보로 돈을 빌려주던 전당포가 동네마다 있었다. 요즘은 전당업이 명품을 담보로 하는 새로운 전당포가 생겨나고 있다. 앞 세대는 금반지, 시계뿐 아니라 생활도구까지 맡기고 돈을 빌려 쓰던 전당포에 관한 추억이 있다. 질권은 전당한 물건을 채무 변제가 있을 때까지 전당포가 유치하고 있다가 약정된 기일까지 변제가 없을 때 그 전당물(질물)로부터 우선적으로 변제받는 물권이다. 질권을 설정할 수 있는 것은 금·은과 같은 동산뿐 아니라 채권·주식·특허권도 가능하다. 이외에 금융을 획득하는 수단으로도 활용된다. 대표적인 경우가 대출채권에 대한 질권설정이다.

질권은 부동산 소유와 직접 관련된 권리는 아니다. 그러나 부실채권에서는 담보대출채권에 질권을 설정해 레버리지 활용하기 때문에 질권에 대한 이해가 필요하다. 일반적인 주택담보대출의 경우 채권자 금융회사가 자금 조달 목적으로 질권을 설정하지 않는다. 이와 대조적으로 부실채권 투자에서 주택담보 대출채권을 양수하고 투자 자금을 조달하고 수익률을 배가하기 위해 양수인은 채권을 담보로 금전을 차입한다. 주택담보대출거래계약의 채권자가 다른 금융회사 또는 다른 투자자로부터 금전을 빌리는 경우 담보는 주택이 아니라 저당채권에 질권이 설정된다.

한국 가계 자산 중 부동산 비중은 70%에 달할 만큼 중요한 자산이다. 부동산을 소유한 채무자는 직접적인 소유권자로서 부동산이 중요하지만, 담보로 채무자에게 금전을 빌려준 채권자에게도 중요한 재산이다. 또한, 주택담보채권을 담보로 금전을 빌려준 질권자나 보증금을 지급하고 주택을 점유·사용·수익하는 임차권자에게도 중요한 재산이다. 부동산은 자신이 피땀 흘려 모은 돈이 들어가는 재산이다 보니 각 이해관계자가 부동산에 관심이 대단하다. 부동산이 경매로 매각되는 경우 각 채권자의 재산에 손실이 올 수 있는 이해관계가 걸려 있다. 해당 부동산과 관련해 어떤 계약이 체결되었는지는 이해관계자에게 중요한 정보다. 등기사항전부증명서에서 질권 표시를 보면 다음과 같다.

〈그림 9〉 질권자가 금융회사인 경우

순위번호	등 기 목 적	접 수	등 기 원 인	권 리 자 및 기 타 사 항
	[집합건물] 서울특별시 강남구 압구정동			고유번호
32	29번(1)근저당권설정등기말소	2014년9월18일 제206522호	2014년9월18일 해지	
33	29번(2)근저당권설정등기말소	2014년9월18일 제206523호	2014년9월18일 해지	
34	근저당권설정	2015년7월22일 제200538호	2015년7월21일 설정계약	채권최고액 금3,000,000,000원 채무자 　서울특별시 강남구 압구정로 　(압구정동 현대아파트) 근저당권자 제이케피탈 　서울특별시 서초구 서초대로
34-1	34번근저당권부질권	2015년7월24일 제203129호	2015년7월24일 설정계약	채권액 금3,000,000,000원 변제기 2016년7월24일 이 자 연7.5퍼센트 원본 및 이자의 지급장소 질권자 주소지 채무자 제이케피탈 　서울특별시 서초구 서초대로 채권자 주식회사가람저축은행 　서울특별시 강남구 삼성로
35	27번근저당권설정등기말소	2015년7월24일 제203127호	2015년7월24일 해지	
36	31번근저당권설정등기말소	2015년7월24일 제203128호	2015년7월24일 해지	

열람일시 : 2015년11월03일 13시22분42초　　　　　　17/18

〈그림 10〉 질권자가 개인 투자자인 경우

순위번호	등 기 목 적	접 수	등 기 원 인	권 리 자 및 기 타 사 항
	[집합건물] 서울특별시 도봉구 방학동			고유번호
				(우아동지금)
7-1	7번근저당권이전	2015년11월5일 제105361호	2015년9월1일 회사합병	근저당권자 주식회사하나은행 110111-0072530 　서울특별시 중구 을지로 66(을지로2가)
8	7번근저당권설정등기말소	2016년6월24일 제38028호	2016년6월24일 해지	
9	근저당권설정	2016년6월24일 제38030호	2016년6월24일 설정계약	채권최고액 금356,800,000원 채무자 　서울특별시 도봉구 해동로 근저당권자 제이케피탈 　서울특별시 서초구 서초대로
9-1	9번근저당권부질권	2016년7월7일 제42515호	2016년7월6일 설정계약	채권액 금356,800,000원 채무자 제이케피탈 　서울특별시 서초구 서초대로 채권자 원■길 　서울특별시 강동구 양재대로
10	전세권설정	2016년6월24일 제38031호	2016년6월24일 설정계약	전세금 금10,000,000원 범 위 전유부분 건물전부 존속기간 2016년 06월 24일부터 2017년 06월 23일까지 전세권자 제이케피탈 　서울특별시 서초구 서초대로

열람일시 : 2017년03월28일 16시48분52초　　　　　　7/8

등기사항전부증명서는 부동산 권리에 대한 이력을 나타내는 공부다. 부동산의 재산 변동이 어떻게 이루어졌는지 중요 시점별로 표시한다. 사람의 이력서에는 그 사람의 모든 과거가 표시되지 않지만, 특정 시점별로 경력을 나타낸다. 마찬가지로 부동산의 재산 내력인 등기사항전부증명서에 채권과 채무가 나타난다. 부실채권 투자자는 등기사항전부증명서를 기초로 투자 여부를 결정하는 기초로 한다.

등기사항전부증명서의 공통점은 다음과 같다. 〈그림 9〉의 순위번호 34와 34-1, 〈그림 10〉의 순위번호 9와 9-1은 앞의 숫자가 주, 뒤의 숫자가 종이 된다는 의미다. 앞의 숫자는 근저당권 설정계약을 나타내는 근저당권 등기, 뒤의 숫자는 질권설정계약을 나타내는 질권 부기등기다. 각기 근저당권 설정계약은 부동산담보대출거래계약, 질권설정계약은 부동산담보대출채권(근저당채권)담보대출거래계약을 전제로 체결된다. 거래 흐름을 볼 때 질권설정계약은 앞에 근저당권 설정계약이 없으면 발생할 수 없다. 등기사항전부증명서의 등기순위번호 34와 34-1은 앞의 34가 없으면 뒤의 34-1이 존재할 수 없다는 의미다. 또 다른 등기사항전부증명서의 공통점은 근저당권 등기의 근저당권자와 질권 부기등기의 채무자가 일치한다. 앞 계약의 채권자가 뒷계약의 채무자이기 때문이다.

〈그림 9〉는 질권설정계약의 채권자 겸 질권자가 금융회사, 〈그림 10〉은 질권설정계약의 채권자 겸 질권자가 개인이다. 질권자가 금융회사이면 대출 이자로서 질권이자와 대출 원금

을 회수한다. 질권자가 개인 투자자이면 부실채권이 되기 전에는 질권이자를 회수하고, 부실채권이 된 후 연체이자와 대출 원금을 회수한다. 주택담보대출에서 개인 투자자의 부실채권 투자로서 질권 투자는 수익률을 올리기 위한 레버리지 투자 역할을 한다.

개인회생 및 파산

부동산 경매 투자의 묘미는 시세보다 낮은 가격으로 매수하고 시세로 매각해 양도 차익을 획득하는 것이다. 부실채권 투자는 부동산의 채권을 할인된 저가에 매수하고 배당 절차를 통해 채권액을 회수해 그 차익을 수익 실현한다. 따라서 부실채권은 양도소득이 발생하지 않고 이자소득이 발생한다. 실무적으로 높은 연체이자를 배당 시점까지 쌓아 수익을 실현한다.

경매 투자와 부실채권 투자 모두 「민사집행법」에 따른 경매 절차를 도구로 이용하는 점은 같다. 그러나 수익 실현 방법에는 차이가 있어 투자 시 유념해야 할 부분도 다르다. 대표적인 사례가 채무자에 대한 관점이다. 경매 매수인과 채무자는 부동산 이전을 위한 인수 절차에서 만나게 되는 경우가 있을 뿐, 진행 과정에서 별다른 관계가 형성되지 않는다. 이와 대조적으로 부실채권 투자는 계약의 이해관계자이기 때문에 상당한 차이가 있다. 예를 들어, 통상 경매로 담보 부동산이 매각되는 경우 채무자는 부동산담보대출채무 이외에 카드 연체 등 다중 채무가 존재한다. 그 진행 과정을 보면 채무를 다른 채무로 막는 악순환이 거듭되고 결국 파탄해 경매에 이르게 된다.

대부분의 채무자는 부동산을 매각한 배당금으로 모든 채무를 변제하지 못하는 경우가 많다. 배당받지 못한 채권자는 다시 채무자를 압박하고 채무자는 자포자기 상태가 되어 법률의 힘을 빌려 회생이나 파산을 선택한다. 채무불이행의 악순환이 반복되면 채무자 스스로 그 악순환의 고리에서 빠져나올 수 없다. 채무자의 신청에 따라 제삼자로서 법원이 채권자와 기한 연장 및 채무 감소 등 채무조정을 시도해 채무자가 채무를 갚을 수 있게 한다(개인회생). 채무조정으로도 채무이행이 어렵다고 판단되면 채무자는 개인파산을 선고받는다.

이때 경매 매수인은 파산과 관련해 소유권 취득에 별다른 영향을 미치지 않는다. 부실채권 투자자는 득실이 나타나 이에 대한 지식을 갖춰야 한다. 파산이나 회생 절차는 재정적으로 파탄에 빠진 채무자를 돕기 위해 만들어졌다. 그러나 부실채권 투자자에게는 경매 중지로 인해 금융 비용이 증가되는 리스크로 작용할 수 있다. 한편 주택담보대출채무를 지연하거나 감소시키기 위한 수단으로 개인회생 절차가 악용되어서는 안 된다. 「채무자 회생 및 파산에 관한 법률」[22]에 따르면 주택담보대출계약의 근저당권자는 개인회생 절차의 채무조정 대

---

22) 「채무자 회생 및 파산에 관한 법률」(법률 제14476호, 2016.12.27., 타법개정, 2017.3.28., 시행) 제411조, 제586조.

상에서 제외되는 별제권자다.

일단 경매든 개인회생이든 법원이 보는 가운데 진행될 때는 각종 이해관계자의 이해타산이 맞물려 있어서 시시비비가 분명해야 한다. 시작부터 끝까지 단계마다 서로의 의사가 충분히 소통되고 반영되어 누락되는 일이 없어야 한다. 채무자가 개인회생을 신청해 개인회생 절차 개시 결정이 법원으로부터 선고되면, 근저당권 실행 경매는 개인회생 절차 인가결정일 또는 폐지 결정 확정일까지 중지된다.[23]

경매는 채무자의 부동산을 채무자 의사와 무관하게 강제로 매각하는 일이다. 각종 이해관계자의 재산 문제가 걸려 있어 신중히 요구되어 상당한 시일이 소요된다. 마찬가지로 개인회생에서 각종 이해관계자의 의사소통 및 반영에 상당한 시간이 걸린다. 이와 같은 시간의 소요는 투자자에게 손실로 돌아오기 때문에 부실채권 투자자는 회생 및 파산에 대한 이해도 갖추어야 한다.

개인회생

개인회생은 지급 불능 상태에 있는 사람[24]이 일정한 소득이 발생하는 경우 3~5년간 일정한 금액을 변제하면 잔여 채무를 면제받는 제도다. 매달 월급이나 사업소득 등 정기적이고 확실한 수입을 계속해서 수령할 가능성이 있는 사람의 경

---

23) 「채무자 회생 및 파산에 관한 법률」 제593조 제1항 제3호, 제600조 제2항.
24) 소유하고 있는 부동산, 동산 등 재산보다 채무가 많은 사람.

우 무담보채무 5억 원, 담보채무 10억 원을 넘지 않아야 한다.

근저당권자의 관점에서 부동산담보부 부실채권 채무자가 개인회생을 신청하면 경매 절차가 중지되고 채권회수가 그만큼 지연된다. 근저당권자는 언제 개인회생이 인가되거나 기각되어 경매 절차가 다시 진행되고 채권이 회수될 수 있는지 확인해야 한다. 확인 방법은 대한민국 법원 대국민 서비스 중 정보에서 '사건검색' 중 '나의 사건검색' 순서로 하면 된다.

〈그림 11〉 대한민국 법원 대국민 서비스 중 나의 사건검색

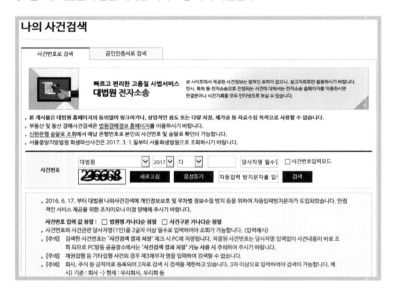

나의 사건검색에서 근저당권자는 법원, 사건번호 및 채무자 이름을 특정해 특정 주택담보 부실채권의 개인회생 진행 상황을 확인할 수 있다. 개인회생 진행 상황을 수시로 확인하지

않으면 언제 중지되었던 경매가 다시 진행되는지 파악하지 못해 어려움을 겪을 수 있다. 법원이 알아서 근저당권자의 채권 회수를 챙겨주지 않는다. 채무자는 한 명일지 몰라도 채권이 수십 개가 될 수 있고 채권자도 여러 명일 수 있다. 법원은 법 위에 잠자는 자를 보호해주지 않는다.

개인회생 사건의 사건 진행 내용을 보면 더욱 구체적으로 언제 개인회생 사건이 인가되거나 기각되어 경매가 진행될 수 있는지 확인할 수 있다. 참고로 개인회생과 채무자를 돕는 다른 제도를 비교하면 다음과 같다.

〈표 8〉 개인회생과 개인파산의 비교

개인회생	개인파산
소유하고 있는 재산을 처분해 채무를 상환하는 금액보다 소득으로 3~5년간 채권자에게 상환하는 금액이 커야 함(청산가치 보장의 원칙).	청산가치 보장이 필요 없음. 채무자의 잔여 재산을 바로 채권자에게 배분
소유하고 있는 재산을 처분할 필요 없음.	재산을 처분해 상환
청산가치가 보장되는 것 이상의 일정 수입이 있어야 함.	일정한 수입이 없어도 됨.
낭비, 도박으로 채무가 늘어나도 가능	낭비, 도박으로 지급 불능 상태에 이른 경우 면책이 불허가 될 수도 있음.
채무 한도에 제한 있음(담보 10억 원, 무담보 5억 원).	채무 한도에 제한 없음.

출처 : 서울회생법원의 도산제도 안내 중 개인회생(http://slb.scourt.go.kr/rel/guide/personal_r/index.jsp). 2017년 11월 16일 방문.

〈표 9〉 개인회생과 일반회생의 비교

개인회생	일반회생
채무 한도에 제한 있음(담보 10억 원, 무담보 5억 원).	채무 한도에 제한 없음.
채권자 결의 필요 없음.	인가 요건으로 채권자의 동의 필요
인가 후 변제를 완료하면 면책 여부 결정	인가로 권리 변경의 효력 발생(다만 통상의 경우 감축된 채무를 모두 변제할 때 채무 면제 효과가 발생).
담보권 실행을 위한 경매(임의경매)는 인가되더라도 계속 진행	담보권도 권리 변경 가능

출처 : 서울회생법원의 도산제도 안내 중 개인회생(http://slb.scourt.go.kr/rel/guide/personal_r/index.jsp). 2017년 11월 16일 방문.

〈표 10〉 개인회생과 워크아웃의 비교

개인회생	워크아웃
조세, 보증채무, 사채 등 모든 채무 조정이 가능	신용회복지원협약에 가입한 금융회사에 대한 채무만 조정 가능
법률상 최저변제율만 지키면 원금도 탕감 가능	원칙적으로 원금은 전액 변제
변제 기간 최장 5년	무담보채무 최장 8년, 담보채무 최장 20년 이내 분할 상환

출처 : 서울회생법원의 도산제도 안내 중 개인회생(http://slb.scourt.go.kr/rel/guide/personal_r/index.jsp). 2017년 11월 16일 방문.

일반적인 개인회생 절차의 각 단계는 다음과 같다.

〈그림 12〉 단계별 개인회생 절차

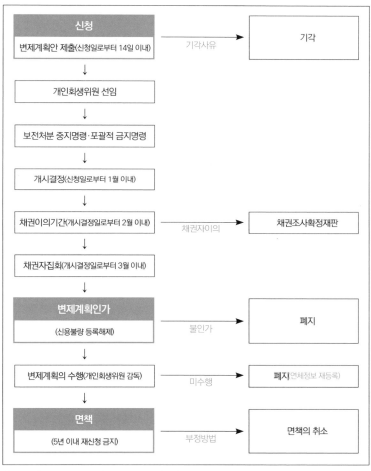

출처 : 서울회생법원의 도산제도 안내 중 개인회생(http://slb.scourt.go.kr/rel/guide/personal_r/index.jsp).
2017년 11월 16일 방문.

주택담보대출 실행 시 채권자와 채무자 간 대출거래계약, 근
저당권 설정계약 이외에 신탁업자와 채무자 간 부동산담보
신탁계약을 체결하기도 한다. 이유는 담보주택이 채무자 재

산이 아니라 신탁업자의 재산이 되어 개인회생 절차 개시 결정의 영향을 받지 않기 때문이다. 신탁재산 매각은 공매를 거쳐 채권회수에 3~6개월가량 소요되어 경매보다 채권회수 기간이 짧다.

개인파산

개인 채무자가 자신의 재산으로 모든 채무를 변제할 수 없는 상태에 빠진 경우 채무 정리를 위해 채무자 또는 채권자가 파산 신청한다. 보편적으로 파산과 면책을 동일한 것으로 간주하기 쉽지만, 파산과 면책은 다른 절차다. 면책은 성실하지만 불운한 채무자에게 파산절차를 통해 변제되지 않은 나머지 채무에 대한 변제 책임을 파산법원 재판으로 면제시켜 채무자의 경제적 재출발을 도모하는 것이다.

채무자에게 파산이 선고되면 공무원, 부동산 중개업자, 사립학교 교원이 될 수 없는 등 법률상 제약이 있고, 회사에 근무하는 경우 회사 사규나 취업규칙에 따라 퇴직이 되는 경우도 있다. 이와 같은 불이익은 면책 결정이 확정되면 소멸한다. 면책 결정을 받지 못하거나 스스로 면책 결정을 취하하는 경우 별도의 복권 절차를 거치지 않는 이상 소멸되지 않는다.

개인파산의 경우 채권자는 개인파산재단으로부터 제외되어 다른 채권자의 채권회수대상에서 빠지는 별제권 대상이다.[25]

---

25) 「채무자 회생 및 파산에 관한 법률」 제411조부터 제415조까지, 제586조.

일반적인 개인파산절차의 각 단계는 다음과 같다.

〈그림 13〉 단계별 개인파산절차

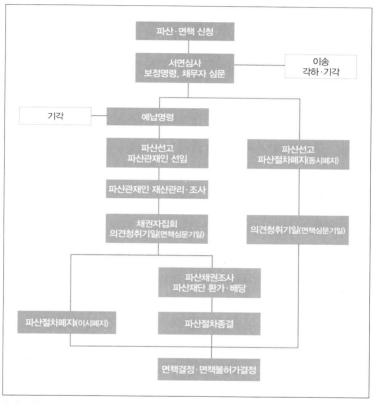

출처 : 서울회생법원의 도산제도 안내 중 개인파산(http://slb.scourt.go.kr/rel/guide/personal_b/index.jsp).
2017년 11월 16일 방문

부동산담보신탁계약

신탁의 한자는 믿고 맡긴다는 의미다. 신탁법에서는 신탁을 설정하는 자(이하, 위탁자)와 신탁을 인수하는 자(이하, 수탁자) 간 신임 관계에 기초한다. 위탁자가 수탁자에게 특정 재산을 이전하거나 담보권 설정 또는 그 밖의 처분을 하고 수탁자에게 일정한 자(수익자)의 이익 또는 특정 목적을 위해 그 재산의 권리, 처분, 운용, 개발, 그 밖에 신탁 목적의 달성을 위해 필요한 행위를 하게 하는 법률관계다.

부동산담보대출에서 근저당권 설정자와 채무자가 일치하는 경우 대출거래계약, 근저당권 설정계약 외에 채무자와 신탁업자 간 부동산담보신탁계약을 하게 되면 주택의 소유권은 채무자로부터 신탁업자로 이동한다. 채무자 소유의 재산이면 강제집행, 근저당권 실행 경매, 보전 처분 및 국세 등 체납 처분을 담보가 책임져야 한다. 그러나 신탁재산이 되면 채무자 소유의 재산이 아니기 때문에 강제집행, 근저당권 실행 경매, 보전 처분 및 국세 등 체납 처분을 금지하고 있다.[26]

부동산담보신탁계약은 채무자가 자발적으로 하기보다 채권자의 요청에 따라 채무자와 신탁업자 간 체결된다. 신탁의 종류에는 신탁재산의 종류에 따라 동산신탁, 부동산신탁, 금전신탁 및 금전채권신탁 등 다양한 종류가 있다. 크게 신탁재산의 운용 방법을 직접 지시하는 특정금전신탁과 위탁자의 운용 지시 없이

---

26) 「신탁법」 제22조 제1항

수탁자가 신탁재산을 운용하는 불특정금전신탁으로 구분된다.

부실채권과 관련해 금전채권신탁의 경우 신탁회사는 금전 채권의 명의상 채권자로 금전채권의 추심 및 관리 업무를 수행하고 운용 수익은 수익자에게 교부된다. 이와 같은 금전채권신탁은 주로 수익권을 제삼자에게 양도해 자금을 조달하는 자산유동화 목적으로 이용된다.

이외에 부동산과 관련한 부동산신탁이 있다. 이는 위탁자로부터 부동산을 위탁받아 신탁계약에 따라 신탁업자가 그 부동산을 개발, 관리, 운용, 처분하는 신탁상품이다. 종류는 담보신탁, 관리신탁, 처분신탁, 개발신탁(토지신탁) 등으로 구분한다. 이 중 담보신탁은 부동산을 신탁 후 신탁회사가 발행한 수익증권을 담보로 위탁자가 금융회사로부터 자금을 대출받게 되는 상품이다. 이때 신탁회사는 담보물 관리 또는 대출 회수를 위한 담보 처분 업무 등을 하게 된다.

일반적으로 부동산담보신탁계약에 의거해 채무불이행 시 신탁업자의 채권회수는 불특정 잠재 매수인의 경쟁을 통한 매각인 점은 법원 경매와 같다. 차이는 법원과 별도로 공정한 경쟁매각을 위해 한국자산관리공사(Korea Asset Management Corporation : KAMCO)[27]의 '온비드'[28]라는 온라인 매각 또는 신탁업자 자신[29]을 거치게 한다는 점이다. 법원 경매와 별

---

27) 구 성업공사
28) 온비드(http://www.onbid.co.kr/). 2017년 11월 17일 방문
29) 금융투자협회 회원 신탁업자(http://www.kofia.or.kr/members/m_63/sub 020201.do?srchCate=7). 2017년 11월 17일 방문

도로 공매라 부른다.

투자자 중에는 등기사항전부증명서에 자신의 소유권을 나타내고 싶어하는 사람이 있다. 신탁은 등기사항전부증명서에 새로운 소유자의 이름이 기록되지 않고 별도로 신탁원부라는 장부에 위탁자로서 채무자, 수탁자로서 신탁업자 및 수익자로서 채권자 이름이 기록된다.[30] 근저당권 변동 등기는 주택의 등기사항전부증명서에 하지만 신탁등기는 신탁원부에 한다. 동일한 주택이라도 담보주택으로 간주될 수 있고 신탁재산으로도 간주될 수 있어 소속이 달라진다. 주택담보대출계약에 의거해 근저당권 변동 등기를 하는 경우와 주택담보대출계약 이외에 부동산담보신탁계약에 의거해 근저당권 설정등기 이외에 신탁등기를 하는 경우를 비교하면 다음과 같다.

〈표 11〉 주택담보대출에서 신탁등기가 있는 경우와 없는 경우의 비교

구분	신탁등기가 있는 경우	신탁등기가 없는 경우
등기사항전부증명서	근저당권 설정등기, 신탁등기 신탁등기는 등기사항전부증명서 갑구에 공시	근저당권 설정등기 근저당권 설정등기는 등기사항전부증명서 을구에 공시
담보가치 보전	신탁업자가 담보주택에 해당하는 신탁재산을 관리·보전	채권자가 담보주택을 관리·보전
근저당권 실행	신탁업자가 공매 또는 온비드 공매	법원 공매
채권회수 기간	일반적으로 1년 신탁재산을 비교적 고가로 매각	일반적으로 3개월 담보주택이 비교적 저가로 매각될 우려 있음
비용	근저당권 설정 비용, 담보신탁 비용	근저당권 설정 비용
차순위 매수신고	없음	있음
추가 대출	불가, 채권회수에 유리	가능
개인회생에 따른 채권회수 지체 방어	가능	불가, 일반적으로 경매 절차 1년 외에 1년이 추가로 소요될 수 있음

---

30) 부동산등기법 제81조 제1항 제1호

부동산 권리보험

부동산담보대출에서 부동산은 채권을 회수하기 위한 보험의 성격이 있고 부동산담보신탁계약도 유사한 역할을 한다. 이와 같은 채권회수 안전장치 외에 부동산 권리보험(권원보험)이라는 실손 보험계약을 체결하는 경우가 있다. 이는 돌발적인 부동산담보대출 사고에 대비한 보험 역할을 한다.

주택의 소유자는 소유권으로 주택담보대출을 하는 채무자가 될 수 있다. 임차인과 주택임대차계약을 체결할 수도 있다. 주택의 근저당권자는 근저당권으로 채무자로부터 채권을 회수할 수 있다. 주택의 임차인은 임차권으로 주택임대차계약을 체결해 자기 소유가 아니라도 주택을 빌려서 사용할 수 있다.

물론 부동산매매계약, 담보대출계약 및 주택임대차계약에 하자가 없어야 소유권, 근저당권 및 임차권에도 하자가 없다. 그러나 부동산 거래는 적지 않은 목돈이 오고 가기 때문에 불순한 의도를 가지고 거래 상대방을 속일 우려가 있다. 부동산 권리보험은 획득한 부동산 권리가 온전하지 못할 위험에 대비할 수 있다.

부동산 권리보험은 크게 소유권용 권리보험, 저당권용 권리보험 및 임차권용 권리보험으로 구분된다. 이 중 주택담보대출계약과 상관있는 것은 저당권용 권리보험이다. 저당권용 권리보험은 채무자가 권리 없는 소유자이거나 등기사항전부증명서에 기록되지 않고 채권자의 채권회수에 지장을 줄 수 있는 유치권자, 법정지상권 설정자 등 보이지 않는 채권자 문제, 부실 전입세대 열람을 통한 임차인 미확인에 따른 채권회수 지장, 대출 관련 유용·횡령 및 대출서류의 위조·사기 등 사고 손해를 보상한다.

한편 부동산 권리보험은 보험 가입 당시 하자에 대해서만 보상하고 가입 이후 발생하는 하자는 보상하지 않는 손해보험의 일종이다. 장래 발생할 사고가 아니라 보험계약 당시 이미 존재하고 있는 사고를 보장한다는 점에서 자동차보험, 화재보험 등과 다르다. 따라서 부동산 권리보험회사는 등기사항전부증명서, 전입세대 및 임대차 조사 등 부동산 권리조사(권원조사)를 한 후 부동산 권리보험계약을 체결한다.[31]

---

31) 김상철·양은상, 〈부동산 등기제도의 개선 방안에 관한 연구〉, 대법원 사법정책연구원, 2015, p. 9

03

부실채권과 등기

부동산의 소유권을 거래하는 방법은 공인중개사를 통한 매매거래 이외에 경·공매로 거래하는 방법, 교환 등이 있다. 비록 소유권을 거래하지 않지만, 주택담보 부실채권 양도·양수 거래를 비롯해 다양한 종류의 거래가 있다. 부동산을 거래하는 경우 부동산의 귀속과 그 귀속의 형태를 외부에서 인식할 수 있게 거래 안전을 위해 등기사항전부증명서를 이용한다. 부동산 관련 이해관계자뿐 아니라 해당 부동산에 이해관계가 없는 사람도 동일한 정보를 이용한다. 재무제표가 사업자 재산에 해당하는 재무상태와 소득에 해당하는 경영성과를 불특정 다수에게 공시하는 것과 유사하다. 부동산 등기는 국가권력기관인 법원이 부동산 등기부라는 장부에 부동산 소유권과 소유권 이외의 권리를 공시한다.[32]

등기사항전부증명서를 통해 재산으로서 부동산의 외부와 내부 변동 사항을 파악할 수 있다. 부동산 거래를 하면서 등기

---

32) 「민법」 제186조

사항전부증명서의 권리 내용을 확인하지 않는 것은 목적지를 모르고 버스를 타는 것과 마찬가지다.

부동산은 단지 소유할 수 있는 용도에만 한정되지 않는다. 거래하는 사람 간 계약에 따라서 근저당권 설정, 전세권설정, 지상권 설정 및 지역권 설정 등 소유권 이외의 권리가 설정된다. 권리는 설정된 뒤 고정되지 않고 물권 변동에 따라 이동(이전)할 수 있고 권리 내용이나 목적이 변경되기도 한다. 등기사항전부증명서에 이와 같은 내용이 민사상의 권리로 나타나고, 부동산 관련 권리는 크게 물권과 채권으로 구분한다.

부동산의 가장 온전한 권리인 소유권은 물권으로, 주택 등 부동산을 지배해 이익을 획득하는 배타적인 권리다. 물권이 중요한 이유는 재산권이기 때문이다. 부실채권 투자의 핵심 권리인 근저당권은 담보물권으로 채권을 우선 회수할 수 있는 권리다. 따라서 재산인 부동산처럼 매매된다. 부동산 권리등기는 크게 가등과 본등기로 구분한다.

권리 변동적 효력

물권 변동은 물권의 발생·변경·소멸을 부르는 용어다. 물권의 주체를 중심으로 말하자면 물권의 득실 변경이라고 표현한다. 부동산에 관한 법률행위에 따른 물권 득실 변경은 등기해야 그 효력이 발생한다. 등기 공무원이 접수 후 등기필증까지 교부해도 부동산 등기부에 기재되지 않으면 권리가 변동되는 효력은 발생하지 않는다.

대항력

부동산 물권은 등기해야 제삼자에게 대항할 수 있다.

순위 확정적 효력

동일 부동산에 관해 등기한 권리 순위는 법률에 별도 규정이 없으면 등기한 순서에 따라 정해진다.

권리추정적 효력

부동산 등기는 형식적으로 존재하는 것 자체가 적법한 등기 원인에 의해 등기가 이루어진 것으로 추정한다.

등기의 종류

모든 권리에는 시작(설정)과 끝(말소)이 있다. 권리는 설정·이전·변경 및 말소된다. 부실채권의 주요 권리인 근저당권도 설정·이전·변경 및 말소된다.

본등기

본등기는 완전한 효력을 갖는 등기이고 물권 변동의 효력을 발생시키는 종국등기다. 종류는 기입등기, 변경등기, 회복등기, 말소등기, 보존등기, 이전등기, 설정등기가 있다. 형식에 따라 주등기(신등기)와 부기등기로 구분한다.

기입등기

새롭게 등기부에 기입하는 등기다.

변경등기

기입된 등기의 일부 내용이 일치하지 않는 경우 불일치를 정상화시키는 등기다. 부동산 지번 등 소재지 오류 등이 해당된다. 부실채권과 관련해 채권 이전등기와 변경등기를 혼동하는 경우가 있는데 명확하게 구분할 필요가 있다.

말소등기

기입된 등기가 사실과 부합하지 않거나 부적법해 소송 등을 통해 등기 전부를 소멸시키는 등기다. 이후 말소등기 자체가 잘못되어 다시 재등기하는 경우 말소회복등기를 해야 한다.

이전등기

보통 매매 등 거래에 따라 이루어지는 전형적인 다수 소유권이전등기에 대해 이전등기라고 한다. 부실채권 투자와 관련해 가장 많이 쓰는 등기로, 부동산 물권을 승계 취득한 경우에 권리자의 명의이전을 하는 등기다. 부동산 본등기의 종류를 종합하면 다음과 같다.

〈표 12〉 부동산 본등기의 종류

근거	본등기 이름	내용 및 등기 원인
부동산 등기법 제3조 제1호	소유권보존등기	미등기 부동산에 최초로 등기부를 개설
부동산 등기법 제3조 제1호	소유권이전등기	매매, 증여, 재산분할, 양도 담보, 교환, 계약해제, 현물출자, 대물변제, 토지 수용, 유동화자산의 양도, 상속, 판결, 경매
부동산 등기법 제3조 제2호	지상권설정등기	민법 제279조
부동산 등기법 제3조 제2호	지상권변경등기	지상권 설정의 목적으로서 공작물이나 수목, 존속기간, 지료, 지료 지급 시기 등을 변경
부동산 등기법 제3조 제2호	지상권말소등기	존속기간 만료, 혼동(민법 제191조), 소멸시효 완성(민법 제162조 제2항), 선순위 담보권실행경매, 지상권 설정자의 소멸청구(민법 제287조)
부동산 등기법 제3조 제3호	지역권설정등기	민법 제291조
부동산 등기법 제3조 제3호	지역권변경등기	지역권 설정의 목적으로서 타인 토지 또는 범위 변경, 이의적 기재사항의 폐지(민법 제292조 제1항 후단), 시설 변경
부동산 등기법 제3조 제3호	지역권말소등기	혼동, 소멸시효 완성, 선순위 담보권실행경매
부동산 등기법 제3조 제4호	전세권설정등기	민법 제303조 제1항
부동산 등기법 제3조 제4호	전세권변경등기	전세금의 증감, 존속기간 변경, 위약금 증감이나 폐지·신설
부동산 등기법 제3조 제5호	근저당권설정등기	민법 제357조
부동산 등기법 제3조 제5호	근저당권이전등기	채권양도, 회사합병

근거	본등기 이름	내용 및 등기 원인
부동산 등기법 제3조 제5호	근저당권변경등기	채권최고액 변경, 채무자 변경, 근저당권자 표시 변경, 근저당권의 목적 변경
부동산 등기법 제3조 제5호	근저당권말소등기	혼동, 소멸시효 완성, 당사자 간 약정소멸사유 발생
부동산 등기법 제3조 제6호	권리질권설정등기	민법 제345조 전단
부동산 등기법 제3조 제8호	임차권설정등기	민법 제618조
부동산 등기법 제3조 제8호	임차권말소등기	혼동, 소멸시효 완성, 당사자 간 약정소멸사유 발생

근저당권의 설정, 이전, 변경 및 말소를 등기사항전부증명서
에 표시하면 다음과 같다.

〈그림 14〉 근저당권설정 전, 근저당권설정, 근저당권이전 및 근저당권말소등기

[집합건물] 경기도 성남시 분당구 이매동　　　　　　　　　　　　　　　　고유번호

순위번호	등 기 목 적	접　수	등 기 원 인	권 리 자 및 기 타 사 항
			성남지원의 임의경매개시결정(2015 타경177　）	（소관：강남여신관리단）
7	가압류	2015년12월24일 제110454호	2015년12월24일 서울중앙지방법원의 가압류결정(2015카단540 　）	청구금액　금10,468,560 원 채권자　농협은행주식회사　110111-4809385 서울 중구 통일로 120 (충정로1가) （강남여신관리단）
8	6번임의경매개시결정등기말소	2016년8월4일 제41728호	2016년7월29일 취하	
9	5번임의경매개시결정등기말소	2016년8월4일 제41729호	2016년7월28일 취하	
10	7번가압류등기말소	2016년11월14일 제62299호	2016년11월8일 해제	

【　을　　구　】　　（ 소유권 이외의 권리에 관한 사항 ）

순위번호	등 기 목 적	접　수	등 기 원 인	권 리 자 및 기 타 사 항
1	근저당권설정	2002년9월16일 제85272호	2002년9월12일 설정계약	채권최고액　금228,000,000원 채무자 성남시 분당구 이매동 근저당권자　주식회사조흥은행 서울 중구 남대문로1가 （가락동지점）

열람일시 : 2017년08월03일　17시10분37초　　　　　　　　　5/15

[집합건물] 경기도 성남시 분당구 이매동

순위번호	등 기 목 적	접　수	등 기 원 인	권 리 자 및 기 타 사 항
1-1	1번등기명의인표시변경	2016년1월7일 제867호	2006년4월1일 상호변경	주식회사조흥은행의 성명(명칭) 주식회사신한은행
1-2	1번등기명의인표시변경	2016년1월7일 제868호	2007년4월2일 취급지점변경	주식회사신한은행의 취급지점 문정해밀라타운지점
1-3	1번등기명의인표시변경	2016년1월7일 제869호	2006년4월1일 본점이전	주식회사신한은행의 주소　서울특별시 중구 세종대로9길 20(태평로2가)
1-4	1번근저당권이전	2016년1월7일 제870호	2016년1월7일 확정채권양도	근저당권자　제이케이파말 서울특별시 서초구 서초대로
1-5	1번근저당권부질권	2016년1월19일 제3211호	2016년1월19일 설정계약	채권액　금228,000,000원 변제기　2017년 1월 20일 채무자　제이케이파말 서울특별시 서초구 서초대로 채권자　주식회사아이비케이저축은행 부산광역시 부산진구 중앙대로
1-6	1번근저당권이전	2016년4월4일 제19519호	2016년4월4일 확정채권양도	근저당권자 배　철 서울특별시 송파구 양재대로 이　열 경기도 성남시 분당구 미금일로

열람일시 : 2017년08월03일　17시10분37초　　　　　　　6/15

Part 02 부실채권 투자 비급　**107**

순위번호	등 기 목 적	접 수	등 기 원 인	권 리 자 및 기 타 사 항
				근저당권자 허신행 경기도 용인시 기흥구 용구대로
10	1번근저당권설정, 2번근저당권설정, 3번근저당권설정, 4번근저당권설정, 5번근저당권설정, 6번근저당권설정 등기말소	2016년11월8일 제61241호	2016년11월8일 해지	

[집합건물] 경기도 성남시 분당구 이매동

고유번호

-- 이 하 여 백 --

관할등기소 수원지방법원 성남지원 분당등기소

가등기

가등기는 권리 설정, 이전, 변경, 소멸 청구권을 보전하려고 할 때 또는 그 청구권이 시기부, 조건부이거나 장래 확정할 것일 때 본등기의 순위 보전을 위해 하는 예비등기다. 가등기와 관련한 가등기담보는 채권 담보를 목적으로 채권자와 채무자 또는 제삼자 사이에서 채무자 또는 제삼자 소유의 부동산을 목적물로 하는 대물변제예약 또는 매매예약 등을 하고, 채무자의 채무불이행이 있는 경우 발생하게 될 장래 소유권이전 청구권을 보전하기 위한 가등기를 하는 변칙 담보다. 가등기담보는 양도 담보와 더불어 소유권이전 형식을 취하는 담보로, 가등기가 담보적 효력을 확보해준다.

가등기 말소는 가등기 명의인이 가등기필증[33]을 첨부해 단독으로 신청하거나, 등기상 이해관계인이 가등기 명의인의 승낙서[34]를 첨부하거나, 또는 가등기 명의인에게 대항할 수 있는 재판 등기사항증명서를 첨부해 단독으로 신청할 수 있다.

---

33) 소유권에 관한 가등기는 가등기 명의인의 인감증명서도 첨부가 필요하다.
34) 승낙서의 일부로 가등기 명의인의 인감증명을 첨부해야 한다.

가등기는 장래 할 본등기의 순위를 보전하는 효력이 있기 때문에 가등기 후 본등기와 사이에 제삼자가 등기를 해도 본등기 내용에 저촉되는 것은 효력이 없거나 후순위가 된다.

04
근저당권등기

　보통 매매 등 부동산 거래에 따른 마지막 절차는 등기사항전부증명서에 자신의 이름을 올려놓는 일이다. 즉, 자신의 권리를 표시하는 것이다. 이때 등기 방법은 인근 법무사 또는 변호사 등 법률 사무소를 통해 관련 서류와 이전에 필요한 수수료 및 인지대 비용 등을 지불하는 방식으로 이루어진다. 전문 직업인에게 비용 지급하고 업무를 대리하게 하는 것이 편하고 빠르며 시간 절약 측면에서 효율적이다. 다만 투자의 최종 목적지가 등기사항전부증명서에 자신의 영역을 표시하는 것이기 때문에 마지막 절차에 관해 알아두자. 주로 이전등기의 종류와 방법에 대해 논했다.

　인생에서 한두 번 정도만 부동산을 매매하는 경우에는 등기이전 절차를 굳이 이해할 필요 없다. 투자 등 빈번한 부동산 거래가 이루어지거나 부실채권 투자를 자산운용 방법으로 활용하면 알아두어야 한다. 전문적인 업을 목적으로 약간의 수익률이라도 상향시키고 싶다면 셀프 등기를 경험해야 한다.

　소유권 등기는 경매 등 매매로 하게 되는 소유권이전등기와 부동산을 최초로 등기사항전부증명서에 표시하는 소유권 보전등기가 있다. 대표적인 소유권외권리등기는 금융회사가 담보대출을 실행하고 채권을 확보하기 위한 근저당권설정등기이다. 부실채권 등기는 소유권이 아니기 때문에 소유권외등기로 설정등기된 근저당을 양수하는 근저당권 이전등기를 하게 된다. 이때 등기 방법은 독립된 순위번호가 아닌 부기등기로 근저당권 이전을 나타낸다.

근저당권등기 신청

근저당권설정등기 시 등기 권리자와 등기 의무자
① 등기 권리자 : 근저당권자(채권자)
② 등기 의무자 : 근저당권 설정자(소유권자, 지상권자, 전세권자)
③ 근저당권 설정등기의 신청 가능 여부

지분근저당권등기
동일 채권에 채권자가 2명인 경우 등기사항전부증명서에 근저당권자의 각 지분, 곧 A 채권최고액 1억 원, B 채권최고액 2억 원으로 등기한다. 근저당권은 계속적인 거래 관계로부터 발생하는 다수 불특정채권을 장래 결산기에 채권최고액까지 담보한다. 현행법에서 근저당권 설정등기를 신청하는 경우 각 근저당권자의 지분을 등기사항전부증명서에 기재할 수 없다.

공동채권의 분할 근저당권등기

동일 부동산에 대해 A와 B를 공동채권자로 하는 하나의 근저당권 설정계약을 체결하는 경우다. 채권자별로 채권최고액을 구분해 등기하거나 A와 B를 각 근저당권자로 하는 2개의 동 순위 근저당권 설정등기를 신청할 수 없다.

시가를 초과하는 근저당권등기

동일한 대출을 목적으로 하는 수 개의 근저당권설정등기 채권최고액을 합계한 금액이 대상물건의 시가를 초과하는 등기도 가능하다. 예를 들어 전세금이 5,000만 원인 전세권을 목적으로 한 채권최고액이 3,500만 원인 선순위 근저당권설정이 경료된 후 다시 위 전세권을 목적으로 한 채권최고액이 2,000만 원인 후순위 근저당권설정등기를 할 수 있다.

채권최고액 분할 근저당권 등기

A에게 돈을 빌려주고 근저당권 설정 시 채권최고액을 나누어 여러 개의 근저당권 설정등기를 할 수 없다. 예를 들어 채권최고액을 1억 500만 원으로 약정한 한 개의 근저당권 설정계약을 나누어 여러 개의 근저당권 설정등기를 할 수 없다. 근저당권 설정계약서를 원인서면으로 첨부한 후 채권최고액을 분리해서 각 채권최고액을 910만 원으로 기재한 10개와 채권최고액을 600만 원으로 기재한 1개로 부동산에 근저당권 설정등기를 신청할 수 없다.

근저당권설정등기 신청 시 제출서류

근저당권설정 시 시·군·구청에서 등기 권리자의 주민등록 등·초본, 등기 의무자의 인감증명서 또는 법인등기사항증명서, 등록세납부고지서를 준비하고 은행에 세금 내며 등록면허세영수필확인서를 받고 대법원등기 수입증지, 국민주택채권을 구입한다. 보통 부실채권 실무에서 설정등기보다 변경등기가 이루어진다. 최근 개인 저당권이 증가하는 추세이고, 부실채권 투자는 물건의 부실채권화에 대비해야 하기 때문에 설정등기를 알아두어야 한다.

근저당권 신청 절차

등기소 방문 등기

근저당권설정등기는 신청서 및 첨부서류를 가지고 신청인 또는 대리인이 등기소를 방문해 제출하거나 전산정보처리시스템을 사용해 신청정보 및 첨부정보를 전송해 신청한다. 등기시 관할등기소는 대법원 인터넷등기소의 서비스 소개 중 전국 등기소 안내에서 확인할 수 있다.[35] 등기소에 신청서를 제출한 후 대법원 인터넷등기소의 등기열람/발급 중 등기신청 사건 처리현황에 부동산의 소재지번을 입력하면 접수 상황을 확인할 수 있다.

---

35) 대한민국 법원 인터넷등기소(http://www.iros.go.kr/PMainJ.jsp). 2017년 11월 17일 방문.

〈그림 15〉 근저당권설정등기 신청 절차

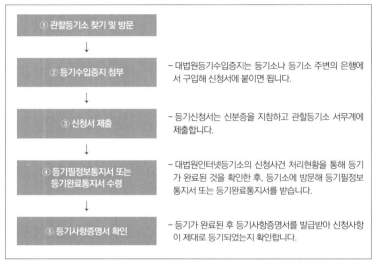

출처 : 찾기 쉬운 생활법령정보의 부동산등기 근저당권 중 근저당권설정등기에서 신청 절차(http://easylaw.go.kr/CSP/CnpClsMain.laf?csmSeq=566&ccfNo=4&cciNo=2&cnpClsNo=4), 2017년 11월 17일 방문.

인터넷으로 신청하기

보통 등기신청은 법무사를 통하는 경우가 많다. 또한, 인터넷을 통해 개인이 신청 가능하다. 설정등기가 많은 경우 그 비용의 절감이 필요하거나 시간적 여유가 있다면 이용 가능하다. 주의점은 금융회사가 발행한 공인인증서가 필요하다. 또한, 근저당권 설정등기는 등기 권리자와 등기 의무자가 공동 신청해야 하기 때문에 근저당권 설정자와 근저당권자 모두 사용자 등록을 신청해야 한다. 신청은 대법원 인터넷등기소에서 한다.

〈그림 16〉 인터넷 신청 절차도

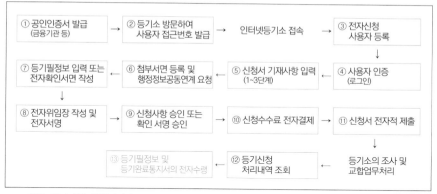

출처 : 찾기 쉬운 생활법령정보의 부동산등기 중 소유권이전등기에서 신청 절차(http://easylaw.go.kr/
CSP/CnpClsMain.laf?csmSeq=566&ccfNo=3&cciNo=1&cnpClsNo=5), 2017년 11월 17일 방문

근저당권 변경등기

근저당권 변경등기는 근저당권 등기와 실체 관계 간 불일치
가 등기 후에 발생했을 경우 그 변경 내용을 반영하기 위해 하
는 등기다. 부실채권 전문가는 근저당권 설정 등 각종 방식을
이용해 부실채권을 생산, 유통 및 수익을 획득한다.

근저당권 변경등기의 원인

채권최고액 변경

채권최고액을 증액하거나 감액하는 계약에 따라 근저당권
변경등기를 한다.

근저당권의 목적 변경

공유자 지분을 목적으로 하는 근저당권 설정등기를 한 후 공유물 분할에 따라 근저당권설정자의 단독 소유로 된 부동산 전부에 관해 근저당권 효력을 미치게 하기 위해 근저당권 변경등기를 한다.

채무자 변경

채권자 및 신·구 채무자 간 3면 계약으로 채무자 지위를 교환적으로 승계하거나 추가적으로 가입하는 경우 채무자 변경 계약을 등기원인으로 근저당권 채무자 변경등기를 신청한다. 계약인 수에 의한 근저당권 변경등기 신청에 해당한다.

채권의 확정 후 채무자 변경 또는 채무자 추가

① 확정채권의 면책적 채무인수에 의한 채무자 변경 : 근저당권의 피담보채권이 확정된 후 제삼자가 피담보채무를 면책적으로 인수한 경우 채무자 변경의 근저당권 변경등기를 신청한다. 면책적 채무인수는 제삼자가 채무자와 계약으로 채무를 인수하는 것이다. 면책적 채무인수는 채권자 승낙으로 효력이 발생한다.

② 확정채권의 중첩적 채무인수에 의한 채무자 추가 : 중첩적 채무인수는 채무자의 채무를 면제시키지 않고 제삼자(인수인)가 채무관계에 가입해 채무자가 된다. 종래 채무자와 더불어 새롭게 동일 내용의 채무를 부담한다. 중첩적 채무인수는 면책적 채무인수와 달리 채무자 승낙이 필요하지 않다.

〈표 13〉 확정채권의 면책적 채무인수에 의한 채무자 변경 및 중첩적 채무인수에 의한 채무자 추가 신청서 기재 예

등기원인의 기재 예시	변경할 사항의 기재 예시
2017년 11월 17일 확정채무의 면책적 인수	채무자 A(주소)로부터 B(주소)로 변경
2017년 11월 17일 확정채무의 중첩적 인수	채무자 A(주소)를 추가

③ 중첩적 채무인수에 의한 근저당권변경등기의 유효성 : 채무자를 연대채무자로 변경(추가)하는 중첩적 채무인수를 원인으로 한 근저당권변경계약에서 그 원인을 중첩적 채무인수가 아닌 변경계약으로 등기해도 그 변경등기의 효력에는 차이가 없다. 근저당권의 피담보채권이 확정되기 전에 기본계약상 채무자 지위를 중첩적으로 인수해 근저당권 변경등기가 설정되면 종전 채무자의 기존 채무뿐 아니라 신채무자와 거래해 발생한 채무도 담보된다.

근저당권변경등기의 신청인

〈표 14〉 근저당권변경등기의 신청인

상황	등기 의무자 및 등기 권리자
채권최고액 증액 및 목적 지분을 늘리는 경우	등기의무자 : 근저당권설정자(소유권자, 지상권자 및 전세권자) 등기권리자 : 근저당권자(채권자)
채권최고액 감액 및 목적 지분을 줄이는 경우	등기의무자 : 근저당권자(채권자) 등기권리자 : 근저당권설정자(소유권자, 지상권자 및 전세권자)
채무자 변경의 경우	등기의무자 : 근저당권설정자(소유권자, 지상권자 및 전세권자) 또는 제3취득자 등기권리자 : 근저당권자(채권자)

〈표 15〉 근저당권변경등기 Q&A

질문	A와 B가 공동명의로 아파트와 토지에 공동근저당을 설정했습니다. 채권최고액을 나누어 A는 아파트에, B는 토지에 단독 근저당권으로 변경하고 싶습니다. 가능할까요?
답변	동일한 피담보채권을 담보하기 위해 수 개의 부동산에 공동근저당권을 설정한 경우 공동근저당권의 채권최고액을 부동산별로 분할해 각 별개의 근저당권 등기가 되게 해 각 부동산간 공동담보관계를 해소하는 내용의 근저당권 변경등기는 현행 등기법제상 인정되지 않습니다. 예를 들어 구분건물 100세대를 공동담보로 설정한 근저당권의 채권최고액 52억 원을 구분건물별 5,200만 원으로 분할해 별개 근저당권 등기가 되게 하는 내용의 근저당권 변경등기를 신청할 수 없습니다.
질문	아내 명의로 근저당권을 설정했지만, 사정상 남편으로 채무자를 변경하려고 합니다. 채무자를 변경하면 근저당권설정등기의 순위가 후순위로 밀리나요?
답변	동일한 부동산에 관해 근저당권 설정등기가 순차로 경료된 후 선순위 근저당권의 채무자를 변경하는 근저당권 변경 부기등기가 이루어져도 선순위 근저당권 등기 순위에는 영향이 없습니다.
질문	채무자를 변경하는 등기를 하려고 등기사항전부증명서의 주소와 현재 채무자의 주소를 대조하니 다릅니다. 채무자 표시 변경등기를 한 이후 채무자 변경등기를 해야 하나요?
답변	채무자 변경으로 인한 근저당권 변경등기를 신청하는 경우 종전 채무자 표시에 변경 사유가 있더라도 그와 같은 사실이 명백히 나타나는 서면(주민등록등·초본 또는 법인 등기부등·초본)을 첨부하면 종전 채무자에 관한 변경등기를 생략하고 신채무자로 변경등기를 할 수 있습니다.

근저당권이전등기

근저당권이전등기는 근저당권의 피담보채권이 확정된 후에 채권이 제삼자에게 전부 양도된 경우에 하는 등기다. 보통 부실채권 투자 실무에서 가장 많이 사용하는 등기 형태로, 금융회사와 공동으로 신청해야 한다. 일반적으로 금융회사와 사전에 해당 부실채권에 대한 매각 협상이 이루어지고 난 후 이전등기를 통해 이루어진다. 이전등기를 지점별로 하기 때문에 지점에서는 관련 대출서류를 본점으로부터 다시 찾아와야 하는 등 업무상 번거로운 경우가 있다. 이 책에서 제공하는 부실 채권 투자 방식은 필자가 부실채권 거래 과정에서 활용하는 방식으로 기존 부실채권을 유동화회사로부터 매입하는 투자 방식과 다른 투자 방법이다.

등기 신청 방법

<표 16> 근저당권 이전등기 신청 방법

종류	내용
공동신청	양수인(등기권리자)과 양도인(등기의무자)이 본인 확인이 가능한 주민등록증 등을 가지고 직접 등기소에 출석해 공동으로 신청한다.
단독신청	판결에 의한 등기 신청인 경우, 승소한 등기권리자 또는 등기 의무자가 단독으로 신청한다.
대리인에 의한 신청	등기 신청은 반드시 신청인 본인이 해야 하는 것이 아니라 대리인이 해도 가능하다. 등기권리자 또는 등기의무자 일방이 상대방의 대리인이 되거나 쌍방이 제삼자에게 위임해 등기 신청할 수 있다. 변호사 또는 법무사가 아닌 사람은 신청서의 작성이나 그 서류의 제출 대행을 업으로 할 수 없다.

등기 신청서 기재 요령

신청서는 한글과 아라비아 숫자로 기재하고 부동산의 표시란이나 신청인 란 등이 부족할 경우 별지를 사용하며 별지를 포함한 신청서의 각 장 사이에는 간인(신청서에 서명했을 때 각 장마다 연결되는 서명)을 해야 한다.

〈표 17〉 이전등기신청서 기재 요령

구분	내용
부동산의 표시	이전할 근저당권의 목적부동산을 기재하되, 등기 기록상 부동산 표시와 일치해야 한다. 부동산이 토지(임야)인 경우 토지의 소재와 지번, 지목, 면적을 기재하고, 건물인 경우 건물의 소재와 지번, 도로명 주소(등기 기록 표제부에 기록되어 있는 경우), 건물의 종류, 구조, 면적, 건물의 번호가 있는 때에는 그 번호, 부속건물이 있는 때에는 그 종류, 구조와 면적을 기재한다.
등기원인과 그 연월일	등기원인은 확정채권 양도, 그 연월일은 위 계약서 작성일 등을 기재한다.
등기의 목적	근저당권이전으로 기재해야 한다.
이전할 근저당권	이전할 근저당권은 그 등기신청서의 접수 연월일과 접수번호로서 표시하고 저당권이 채권과 함께 이전된다는 뜻을 기재해야 한다.
등기의무자	양도인의 성명, 주민등록번호, 주소를 기재하되 등기 기록상 근저당권자 표시와 일치해야 한다. 그러나 법인인 경우 상호(명칭), 본점(주사무소 소재지), 등기용 등록번호 및 대표자의 성명과 주소를 기재하고, 법인 아닌 사단이나 재단인 경우 상호(명칭), 본점(주사무소 소재지), 등기용 등록번호 및 대표자(관리인)의 성명, 주민등록번호, 주소를 기재한다.
등기권리자	저당권 양수인을 기재하는 란으로 그 기재방법은 등기의무자 란과 같다.
등록면허·지방교육세의 납부	이전하는 채권최고액의 1,000분의 2에 해당하는 등록면허세와 등록면허세의 100분의 20에 해당하는 지방교육세를 기재하면 농어촌특별세는 납부액이 없는 경우 기재하지 않는다.
세액합계	등록면허세액, 지방교육세액, 농어촌특별세액의 합계를 기재한다.
등기신청수수료	부동산 1개당 15,000원의 등기신청수수료 납부액을 기재하며, 등기신청수수료를 은행 현금납부, 전자납부, 무인발급기 납부 등의 방법에 따라 납부한 후 등기신청서에 등기신청수수료 영수필확인서를 첨부하고 납부번호를 기재해 제출한다. 여러 건의 등기신청에 대해 수납금융기관에 현금으로 일괄납부하는 경우 첫 번째 등기신청서에 등기신청수수료 영수필확인서를 첨부하고 해당 등기신청수수료, 납부번호와 일괄납부 건수 및 일괄납부액을 기재하며 나머지 신청서에는 해당 등기신청수수료와 전 사건에 일괄납부한 취지를 기재한다.
국민주택채권 매입금액	이전하는 채권최고액이 2,000만 원 이상인 경우 채권최고액의 1,000분의 10에 해당하는 국민주택채권 매입금액을 기재해야 한다.
국민주택채권 발행번호	국민주택채권 매입 시 국민주택채권 사무취급기관에서 고지하는 채권발행번호를 기재한다.

등기의무자의 등기필정보	근저당권설정등기를 완료하고 등기필정보를 교부받은 경우 그 등기필정보상에 기재된 부동산고유번호, 성명, 일련번호, 비밀번호를 각 기재한다. 등기필정보를 제출하는 것은 아니고 한 번 사용한 비밀번호는 재사용 못 한다. 교부받은 등기필정보를 멸실한 경우 부동산등기법 제51조에 의해 확인서면이나 확인조서 또는 공증서면 중 하나를 첨부한다.
첨부서면	등기신청서에 첨부한 서면을 각 기재한다.
신청인 등	등기의무자와 등기권리자의 성명 및 전화번호를 기재하고 각자의 인장을 날인한다. 그러나 신청인이 법인 또는 법인 아닌 사단이나 재단인 경우 상호(명칭)와 대표자(관리인)의 자격 및 성명을 기재하고 대표자(관리인)의 인장을 날인해야 한다. 대리인이 등기신청을 하는 경우 그 대리인의 성명, 주소, 전화번호를 기재하고 그의 인장을 날인 또는 서명을 해야 한다.

등기신청서에 첨부할 서면

〈표 18〉 등기신청서에 첨부할 서면

구분	내용
신청인	· 위임장 : 등기신청을 법무사 등 대리인에게 위임하는 경우 첨부한다. · 채권양도계약서 : 등기원인을 증명하는 서면으로 첨부한다. · 등기필증 : 등기의무자의 근저당권에 관한 등기필증으로서 등기의무자가 근저당권 설정등기 시 등기소로부터 교부받은 등기필증을 말한다. 근저당권 설정등기를 완료하고 등기필정보를 교부받은 경우 신청서에 그 등기필정보상에 기재된 부동산고유번호, 성명, 일련번호, 비밀번호를 각 기재해 등기필증 첨부를 갈음한다. 등기필증(등기필정보)을 멸실해 첨부(기재)할 수 없는 경우 부동산등기법에 의해 확인서면이나 확인조서 또는 공증서면 중 하나를 첨부해야 한다.
시·구·군청·읍·면 사무소·동 주민센터	· 등록면허세영수필확인서 : 시장, 구청장, 군수 등으로부터 등록면허세납부서(OCR용지)를 발급받아 납세지를 관할하는 해당 금융회사에 세금을 납부한 후 등록면허세영수필확인서와 영수증을 교부받아 영수증은 본인이 보관하고 등록면허세영수필확인서만 신청서의 등록면허세액표시란의 좌측상단 여백에 첨부하거나 또는 지방세인터넷납부시스템을 이용해 납부하고 출력한 등록면허세납부확인서를 첨부한다. · 주민등록등(초)본 : 등기권리자의 주민등록번호 또는 부동산 등기용등록번호를 증명하는 서면으로, 발행일로부터 3월 이내의 것을 첨부하며 법인인 경우 법인등기사항전부증명서 또는 법인등기사항일부증명서(각 발행일로부터 3월 이내)를 첨부해야 한다.

대한민국법원 인터넷 등기소, 금융회사 등	등기신청수수료 납부는 대한민국법원 인터넷등기소를 이용해 전자 적인 방법으로 납부하고 출력한 등기신청수수료 영수필확인서를 첨 부하거나 법원행정처장이 지정하는 수납금융회사 또는 신청수수료 납부기능이 있는 무인발급기에 현금으로 납부한 후 발급받은 등기신 청수수료 영수필확인서를 첨부한다.
등기과·소	신청인이 법인인 경우 법인등기사항전부증명서 또는 법인등기사항 일부증명서(각 발행일로부터 3월 이내)를 첨부한다.
기타	신청인이 재외국민이나 외국인 또는 법인 아닌 사단 또는 재단인 경 우 신청서의 기재사항과 첨부서면이 다르거나 추가될 수 있다. 대법 원 종합법률정보의 규칙·예규·선례에서 외국인 및 재외국민의 국내 부동산 처분 등에 따른 등기신청절차, 등기예규 제1393호 및 법인 아 닌 사단의 등기신청에 관한 업무처리지침, 등기예규 제1435호 등을 참고한다. 기타 사항은 변호사, 법무사 등 등기와 관련된 전문가나 등 기과·소의 민원담당자에게 문의해 해결하기 바란다.

등기 신청서류 편철순서

신청서, 등록면허세영수필확인서, 등기신청수수료 영수필
확인서, 위임장, 주민등록등·초본, 채권양도계약서, 등기필증
등의 순으로 편철한다.

〈그림 17〉 확정채권 양도에 의한 근저당권 이전등기 신청 작성 예

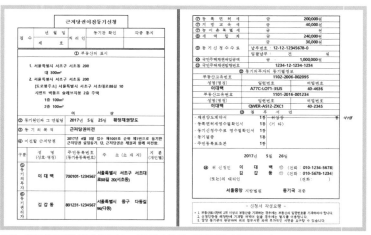

출처 : 대한민국 법원 인터넷등기소, 자료센터 중 등기신청양식, 부동산등기, 13-1.

05
부실채권 투자 방식

개인 투자자의 부실채권 투자는 불과 수년 전부터 시작되었지만, 도입은 국제통화기금(International Monetary Fund : IMF)으로 불리던 1997년 말 외환위기로 거슬러 올라간다. 한국 사람에게는 고통의 시간이고 악몽이었지만, 그 이면에는 고통을 이용해 엄청난 수익을 획득한 외국계 투자자의 흑역사가 새겨져 있다.

초창기 부실채권 거래에서 한국자산관리공사(KAMCO, 소위 캠코)보다 이름을 알린 부실채권 투자자는 론스타(Loan Star Funds)였다. 론스타는 외환위기 직후 1998년 12월에 캠코로부터 4억 7,000만 달러(5,646억 원) 가격인 부동산담보 부실채권을 원금의 36%인 2,012억 원에 매입했다. 당시 부동산 경매가격은 원금의 50~60%였다.

이후 론스타와 캠코가 각기 70%, 30% 지분 출자해 유동화 전문회사(Special Purpose Company : SPC)를 설립했다. 론스타가 실제로 투입한 자금은 부실채권 가격의 25.2%에 지나지 않았다. 5,646억 원 가격의 채권을 1,409억 원에 매입한

셈이었다. 1999년에는 캠코와 조흥은행의 부실채권 9,381억 원, 7,600억 원, 2000년에는 캠코와 예금보험공사의 부실채권 5,356억 원, 2001년 예금보험공사 부실채권 4,099억 원 상당을 매입해 합계 3조 2,082억 원 가격이었다. 2003년에는 카드 채권 5조 원 상당을 매입했다.

론스타는 캠코와 예금보험공사의 부실채권이 줄어든 후 은행을 직접 찾아다니면서 부실채권을 매입했고 이때 산업은행 1조 2,000억 원, 조흥은행과 평화은행 각기 5,360억 원, 4,500억 원 상당을 매입했다. 론스타가 1997년부터 2003년까지 매입한 무담보 부실채권은 장부금액 기준 1조 205억 원이었다. 이를 신용정보회사에 4,320억 원에 매각해 장부금액 대비 회수율 42.3%, 매입금액이 장부금액의 20% 수준이었다.

론스타는 국내에서 매수 여력이 없는 틈을 파고들었다. 부실채권 외에 부동산도 취득했다. 1999년 동양증권 서울 여의도 사옥, SKC 여의도 사옥을 각기 650억 원, 660억 원에 취득해 호주 맥쿼리 은행에 850억 원, 800억 원에 양도했다. 2001년 현대산업개발로부터 스타타워를 6,600억 원에 취득해 2004년 12월 싱가포르 투자청에 9,000억 원 이상에 양도했다. 자산유동화증권(ABS)를 발행해 구입 자금 대부분을 조달하고 취득세, 등록세 및 양도세를 면제받았다. 높은 신용등급을 이용해 부동산 취득 자금 중 절반 이상을 국내 은행에서 조달했다. 론스타는 처음에 부동산담보 부실채권을 매입했고, 이후 직접 부동산을 취득하며, 나중에는 외환은행 등 금융회

사를 인수했다.[36]

이와 같은 부실채권 에피소드가 개인 투자자와 거리가 먼 호랑이 담배 피우던 시절 이야기라고 치부할 수도 있지만 시사하는 바가 크다. 몰랐기 때문에 외국계 투자 금융에게 엄청난 수익을 내줄 수밖에 없었다. 개인 투자자도 부실채권을 모르면 경매만을 하는 반쪽짜리 투자자가 될 뿐이다.

론세일 방식

개요

부실채권 투자 방식은 거래 당사자 간 어떤 계약에 합의하느냐에 따라 다양한 부실채권 투자 방식이 존재할 수 있다. 기본적으로 채권과 채무 관계를 이용해 이루어지는 방식이다. 크게 채권을 인수하는 론세일 방식과 채무를 인수하는 채무인수 방식으로 구분된다. 이외에 부실채권 거래 방식에는 론세일, 채무인수 외에 사후정산 방식 등이 있지만, 실무적으로 채권을 양수하고 등기하는 론세일 방식이 주로 이용된다.

론세일(loan sale)은 대출을 의미하는 론(loan)과 정상 가격보다 저렴하게 판매하는 세일(sale)의 합성어다. NPL(Non-Performing Loan)의 론과 동일한 의미다. 따라서 론세일은 양

---

36) 이정환, "론스타 사태를 해부한다". 참여연대 참여사회연구소, 시민과 세계 제9호, 2006, pp. 345~350

도인이 정상채권 가격보다 싸게 매각하는 것이다. 채권 양수인 입장에서 할인된 가격으로 매수할 수 있기 때문에 그 차익만큼 수익을 보장받을 수 있다.

그러나 양도인이 매각하려는 채권의 양이 적은 데 비해 매수하려는 양수인이 많으면 품귀현상으로 세일(할인)하지 않는다. 이와 대조적으로 양도인이 팔려는 채권이 많지만, 매수하겠다는 양수인이 적으면 본래 채권 가격보다 싸게 판매한다. 양도인 금융회사는 팔려는 채권이 정상채권이 아닌 부실채권이면 더 싸게 매각할 것이다.

대부분의 장사가 그렇듯이 어느 한 집이 잘되면 비슷한 업종이 여기저기 생기기 마련이다. 요즘 인기 업종인 커피 상점을 보더라도 얼마 안 가서 인근에 커피 상점이 우후죽순 생기게 된다. 초창기 부실채권 투자자는 경쟁자가 적어서 론세일하는 부실채권을 쉽게 매입할 수 있었다. 최근 부실채권 투자 과열로 론세일의 본래 목적인 론을 할인해 매입하는 일은 언감생심이 되었다. 그나마 제값 주고 매입하는 일도 감지덕지하는 절대적인 양도인 우위시장이 되어버렸다.

한편 시장은 언제나 상승이 있으면 하락이 있고, 산이 높으면 골이 있는 법이다. 경기 하락 등의 원인으로 부실채권이 급증해 양수인보다 부실채권이 많아지면 다시 양수인 우위의 시장이 될 수 있다. 언제까지 호경기와 불경기 구간 순환에 따라 울고 웃을 수 없다. 현명한 투자자는 장래 변동에 대비해 지속적인 투자가 가능해야 한다.

론세일 방식을 비롯해 채무인수, 사후정산 등 부실채권 거래는 양·수도 계약체결로부터 시작된다. 한편 부동산담보 대출거래처럼 공정거래위원회 표준약관과 같은 표준 양식이 별도로 제공되지 않는다. 거래 당사자끼리 합의해 계약하면 그만이다. 일반적인 론세일 방식의 부실채권 거래계약서는 다음과 같다.

〈표 19〉 론세일 방식 부실채권 거래계약서의 예

채권 및 근저당권 매매계약서

양도인 : 주식회사 XXX
양수인 : 주식회사 XXX

2017년 6월 29일

채권 및 근저당권 매매계약서

채권양도인 주식회사 ×××(이하 양도인이라 한다)와 채권양수인 ×××(이하 양수인이라 한다)는 양도인이 보유한 매각대상채권을 양수인에게 매매함에 있어서 다음과 같이 계약(이하 본 계약이라 한다)을 체결한다.

제1조 (매각대상채권 등)

① 매각대상채권이라 함은 기준일 현재 본 계약에 의한 양도인의 목적물로 양도인이 보유한 첨부 매각대상채권명세서에 기재된 이에 수반되거나 관련된 일체의 권리 및 부속서류로서 다음의 사항을 포함한다.
1. 채권 원금, 가지급금
2. 채권에 대한 정상이자 채권
3. 채권에 대한 지연손해금 채권
4. 기타 계약상의 모든 채권 및 그에 수반되거나 관련되는 모든 권리(판결, 지급명령, 각종 결정과 명령, 가압류, 근저당권, 각종 신탁, 공정증서, 물상보증인, 한도 및 연대보증인, 인증서 등 일체 포함)
5. 채권과 관련된 계약서류, 대장 및 계약 당시에 징구되거나, 이후 확보된 일체의 서류
6. 채권과 관련된 일체의 전산데이터
② 위 매각대상채권은 첨부 매각대상채권명세서에 표시한 근저당권과 함께 양수인에게 이전된다.

제2조 (매매대금)
① 양도인이 매도하는 채권의 차주별 건수는 8건이며, 미상환 원리금 잔액은 금오억사천사백구십칠만오천육백팔십일원

(₩544,975,681원)으로 상세 내역은 첨부서류인 매각대상채권명세서와 같다.

② 본 계약에 따라 양수인이 양도인에게 지급할 매매대금은 금 오억일천팔십팔만구천사백팔십일원(₩510,889,481원)으로 한다.

제3조 (계약금 및 잔금지급과 채권서류의 인수)

양수인은 본 계약의 성실한 이행을 위해 매매대금 전액을 계약 체결과 동시에 즉시 양도인에게 아래의 계좌로 지급하기로 한다.

– 아 래 –

은행명 : ×××
은행계좌번호 : ×××-××××-×××-××
예금주명 : (주)×××

양수인은 계약체결 동시에 잔금을 지급하며, 첨부된 매각대상 채권에 대해 일체 이의를 할 수 없고, 계약해지 등을 사유로 양도인에게 요구하지 못하며, 양도인도 본 내용을 준용키로 한다. 단 양도인은 매각대상채권 중 선순위(임대차, 설정 등) 항목에 표기된 금원 외에 추가로 발생되는 금원(최우선변제금 등)에 대해서는 배당일로부터 3일 내 양수인에게 지급해야 한다.

단 최우선 변제금은 양수인이 배당이의신청 등 신의성실의 원칙에 따라 적극적으로 법적 대응한다.

제4조 (채권양도통지)

매각대상채권의 각 채무자에 대한 채권 양도통지서는 양도인의 비용과 책임하에 양도인 명의로 발송한다. 채권양도통지 및 반송에 관한 일체의 서류는 양수인에게 반환한다.

제5조 (매각물건 안내)

채무자로부터 양도인에게 채무상환을 위한 연락이 오는 경우 양도인은 본 계약에 따라 매각대상채권이 양수인에게 이전되었음을 통보하고 연락처를 알려주는 등 협조를 해야 한다.

제6조 (매각물건의 양도, 양수 등)

계약체결일 이후 매각대상채권과 관련한 소송 등(양도인이 행한 가압류에 대한 제소명령 포함) 제반 사항 일체에 대한 법적 절차는 양수인이 승계해 진행하며, 양도인은 이에 대한 책임을 지지 아니한다.

이를 위해 양도인은 현재 진행 중인 소송에 대한 상세한 내역을 양수인에게 인계하고 소송승계를 위한 법적 절차 진행에 적극 협조한다. 단 이에 대한 제반비용은 양수인이 부담하기로 한다. 양수인은 양수받은 매각대상채권을 추심함에 있어서 양도인의 신용과 명예를 실추시키는 행위를 하지 아니한다.

제7조 (컨설팅 비용)

양수인은 양도인에게 모든 매수채권이 경매 및 채무변제를 통해 배당 및 상환되었을 경우 매입금액, 금융비용 및 제세공과금 등을 제외한 순수익에서 30%를 양도인에게 배당 및 상환 완료될 때마다 지급하도록 한다.

제8조 (기밀준수)

양도인과 양수인은 본 계약상의 주요내용을 포함해 본 계약과 관련해 알게 된 상대방의 영업비밀 또는 고객정보에 대해 상대방의 사전 서면동의가 없는 한 제삼자에게 누설하거나, 선량한 관리자의 주의의무를 게을리해 제삼자에게 유출되거나, 본 계약상 업무 이외의 목적으로 이용해서는 아니되며, 이를 위반해 발생하는 모든 손해에 대해는 그 위반 당사자가 모든 민, 형사상의 책임을 진다. 단 관공서에 제출하는 경우는 예외로 한다.

위 항은 본 계약의 만료 또는 해지 이후에도 계속 적용하는 것
으로 한다.

제9조 (본 계약의 효력 발생)
본 계약은 계약체결일로부터 그 효력이 발생한다.

제10조 (합의관할)
양도인과 양수인 사이에 본 계약에 대해 법적인 분쟁이 발생했
을 경우 ××지방법원을 제1심 관할법원으로 한다.

위 계약을 증명하기 위해 계약서 2부를 작성, 기명날인해 각각
1부씩 보관하기로 한다.

2017년 6월 29일

양도인 : 주식회사 ×××
양수인 : 주식회사 ×××

계약 해설

「민법」 제449조 채권의 양도성에 따르면 채권은 양도할 수
있으며 채권의 성질이 양도를 허용하지 아니하는 때는 그러하
지 아니하다. 이때 채권 양도는 부실채권뿐 아니라 정상채권
도 양도할 수 있다. 단 채권의 양도는 양도인과 양수인 간 합

의만으로 충분하지 않다. 채권은 양도인과 양수인 간 매매 물건이기 이전에 채권자와 채무자 간 계약으로 발생했다. 양도인과 양수인 간 계약 이외에 채무자의 양도 의사표시가 필요하다. 채권 양도와 관련해 「민법」 제450조 지명채권양도 대항요건에 따르면 지명채권의 양도는 양도인이 채무자에게 통지하거나 채무자가 승낙하지 아니하면 채무자 기타 제삼자에게 대항하지 못하게 되어 있다. 부실채권 양도는 채무자에게 통지하거나 채무자의 승낙을 획득해야 한다.

주택담보대출의 경우 양도인은 채권 원금, 가지급금, 채권에 대한 정상이자, 채권에 대한 지연손해금 등 매각대상채권을 양도할 의무가 있고 매각대금을 수령할 권리가 있다. 양수인은 매각대금을 지급할 의무가 있고 매각대상채권을 양수할 권리가 있다. 또한 보통 양도인은 부실채권 하나가 아니라 여러 건의 부실채권을 묶어서 매각한다. 앞의 채권 및 근저당권 매매계약서 제2조 제1항에 따르면 양수인이 양수하는 부실채권은 1개가 아니라 8개다.

부실채권 양도는 주택담보대출거래계약서, 근저당권 설정계약서 등이 양도인으로부터 양수인에게 이동한다는 의미다. 채권 및 근저당권 매매계약서 제6조에 따르면 양도인은 채권자 겸 근저당권자이기를 그만두고 매각대금을 수령했기 때문에 채권을 회수하기까지 발생할 수 있는 각종 문제를 상대하고 싶지 않을 것이다. 양수인은 새로운 채권자 겸 근저당권자로서 주택담보채권회수 우선권자이지만 채권회수까지 발생할 수 있는 각종 문제를 책임져야 한다.

채무인수 방식

개요

채권의 양도가 아니라 채무인수가 부실채권 거래의 중심이 되기도 하며 채무인수 방식이라고 부른다. 보편적인 사고방식으로 채권을 인수하는 것은 이해가 되지만 채무를 인수한다는 것은 납득하기 어렵다. 그러나 채권자는 우량 채무자를 원하기 때문에 그 채무를 변제할 수 있는 능력을 갖춘 인수인과 채권금액을 합의하고 거래하는 투자 방식이다. 따라서 양도인과 양수인 간 채권이 양도되지 않고 양도인으로부터 양수인에게 양도인 채무자의 채무가 이동한다.

주택매매에서 매도인의 주택담보채무를 매수인이 채무 인수하고 잔금만 지급해 소유권을 이전받는 방식과 유사하다. 일반 거래 방식에서 양도인은 재화(상품과 제품)와 용역(서비스)을 제공하고 그 대가를 수령하면 그만이다. 채무인수 방식은 부실채권 거래 시작 시점에 양도인이 채권을 전부 양도하고 매각대금을 전부 수령하지 않는다. 채권을 양도하는 일이 없으니 양도인이라는 용어 말고 다른 용어를 써야 한다. 채무인수 방식의 두 거래 당사자는 양도인과 양수인이라는 용어가 아니라 채권자와 신채무자라는 용어가 적합하다. 채권자가 채권을 양도하는 것이 아니라, 채무자를 변경하기 때문이다. 일반적인 채무인수 방식의 부실채권 거래계약서는 다음과 같다.

<표 20> 채무인수 방식 부실채권 거래계약서의 예

채무인수 계약서

×××유동화전문유한회사(주소 : 서울시 종로구 서린동 XXX, 이하 갑이라고 한다)와 ×××(주소 : 서울시 서초구 서초동 XXX, 이하 을이라고 한다)는 다음과 같은 조건으로 계약(이하 본 계약이라 한다)을 체결한다.

제1조 (용어의 정의)
① 채무인수 대상채권이라 함은 갑이 채무자에 대해 가지는 별지 목록 (1)에 기재된 채권의 원금과 그 이자 및 연체이자 등을 말한다.
② 채무자라 함은 채무인수 대상채권의 채무자인 ×××를 말한다.
③ 담보권이라 함은 채무인수 대상채권을 담보하기 위해 ××× 소유의 별지 목록 (1)에 기재된 담보권을 말한다.
④ 채무인수 대상채권 및 담보권 관련서류라 함은 여신거래약정서, 어음거래약정서, 지급보증거래계약서, 근저당권설정계약서 등 채무인수대상채권 및 담보권의 발생과 관련된 서류를 말한다.
⑤ 채무인수금액이라 함은 민사집행법 제143조 제1항의 규정(특별한 지급방법)에 의해 확정된 금액, 곧 을이 본건 경매 절차에 있어서 위 규정에 의해 매각대금의 지급에 갈음한 금액을 말한다.

제2조 (합의내용)

① 을은 ××지방법원 ××지원 2016타경××××호 부동산임의 경매절차(이하 본건 경매절차라고 한다)에서 2017년 7월 30일에 예정된 4차 매각기일에 입찰대금을 금삼억이천사백만 원(금324,000,000원)으로 정해 참가하기로 한다(만약 매각기일이 변경될 경우 차회 매각기일에 위 조건으로 참가하기로 한다).

② 을은 채무인수대상채권의 채무인수인이 되어 채무자가 부담하고 있는 채무에 대해 다음의 조건에 따라 갑에게 채무이행의 책임을 부담한다.

가. 약정지급액 : 금이억일천오백만 원(금215,000,000원)

나. 지급시기

  a. 을은 갑에게 본 계약체결 시 금이천일백오십만 원(금21,500,000원)을 지급하기로 한다.

  b. 을은 본건 경매절차의 배당기일로부터 1개월 이내에 금이억일천오백만 원(금215,000,000원)에서 계약금으로 기지급한 금이천일백오십만 원(금21,500,000원) 및 을이 본건 경매 절차에서 납부한 입찰보증금을 차감한 금액을 갑에게 지급하기로 한다(배당표상 선순위배당금이 있는 경우 동 금액은 갑이 부담하기로 한다).

③ 갑은 을이 민사집행법 제143조 제1항의 규정(특별한 지급방법)에 의해 매각대금을 납부할 수 있도록 을에게 '채무인수에 관한 승낙서'를 교부하기로 하고, 을은 본건 경매사건의 매각대금을 민사집행법 제143조 제1항의 규정(특별한 지급방법)에 의한 대금납부를 경매 법원에서 허가하지 않을 경우 법원에서 허가한 납부방법에 따라 대금을 납부하기로 한다.

④ 갑은 제2항에서 정한 약정지급액 전액 수령 시 을에게 담보권 말소에 필요한 서류를 교부하기로 하며, 이 경우 담보권의 말소 등과 관련해 발생되는 모든 책임 및 비용은 을이 부담한다.

⑤ 을은 갑에게 제2항에서 정한 약정지급액 전부를 여하한 유보 없이 상계 기타 이와 유사한 것에 의하지 아니하고 현금으로 지급하고, 을이 갑에게 본 계약에 의한 의무를 모두 이행하는 때에 본 계약에 기한 거래는 종결되는 것으로 하기로 한다.

⑥ 을은 본건 경매 절차의 소유권이전등기촉탁일로부터 5일 내에 근저당권변경(채무자변경)등기를 경료하기로 하며, 갑의 요청 시 위 변경등기에 필요한 서류 일체를 교부하고, 이 경우 변경등기 등에 관련해 발생되는 모든 책임 및 비용은 을이 부담한다.

⑦ 을은 본건 경매절차의 소유권이전등기촉탁에 있어서 본 계약상 담보권에 대해 말소촉탁을 해서는 아니된다.

제3조 (제삼자 낙찰)

을이 본건 경매 절차에서 입찰대금을 금삼억이천사백만 원(금 324,000,000원)으로 정해 입찰참가했으나 제삼자가 위 금액 이상으로 입찰에 참가해 최고가매수인이 된 경우 갑은 본 계약을 해제하고 기수령한 금이천일백오십만 원(금21,500,000원)을 을에게 반환하기로 한다(위 금원에 관해 받은 날로부터의 이자는 지급하지 아니한다).

제4조 (지연손해금 및 경매신청)

① 을이 제2조 제2항 나. b.에서 정한 대금 지급을 지연하는 경우에는 그 대금에 대해 배당기일에서 1개월이 경과한 날부터 실제납부일까지 연19%의 비율에 의한 지연손해금을 가산해 납부하도록 하되, 그 잔금의 납부기한은 약정납부일부터 14일을 초과하지 못한다.

② 을이 제1항에서 정한 납부일을 초과할 경우 갑은 을에게 별도의 통보 없이 채무인수금액 및 이에 대해 배당기일로부터 연 19%의 비율에 의한 지연손해금을 청구금액으로 정해 경

매신청할 수 있고, 이러한 경우 을이 본 계약체결 시 갑에게 지급한 금이천일백오십만 원(금21,500,000원) 및 갑이 본건 경매절차에서 갑보다 선순위금액을 공제하고 실제 현금으로 배당받은 금액은 전액 위약금 및 손해배상금으로 갑에게 귀속하며, 을은 위 금원의 반환을 요구하지 못한다.

제5조 (계약의 해제 등)

① 다음 각 호의 경우 갑은 본 계약을 해제할 수 있고, 이러한 사유로 갑이 본 계약을 해제한 경우 을이 본 계약체결 시 갑에게 금이천일백오십만 원(금21,500,000원)은 전액 갑에게 위약금으로 귀속하며, 을은 갑에게 위 금원의 반환을 요구하지 못한다.

    a. 을이 제2조 제1항에서 정한 본건 경매 절차의 입찰에 참가하지 않은 경우

    b. 을이 위 입찰에 참가했으나 입찰대금을 금이억이천만 원(금220,000,000원) 미만으로 기재한 경우

    c. 본건 경매 절차에서 갑보다 선순위금액이 입찰보증금보다 많음에도 불구하고 을이 이를 납부하지 않은 경우

    d. 을은 본건 경매 사건의 매각대금을 민사집행법 제143조 제1항의 규정(특별한 지급방법)에 의한 대금납부를 경매 법원에서 허가하지 아니한 경우 대금을 현금으로 납부해야 함에도 불구하고 을이 대금 납부기일까지 대금을 납부하지 아니한 경우

② 다음 각 호의 경우 갑은 본 계약을 해제할 수 있고, 이러한 사유로 갑이 본 계약을 해제한 경우 갑은 본 계약체결 시 을이 지급한 금이천일백오십만 원(금21,500,000원)을 을에게 반환해야 한다. 단 갑이 위 금원을 수령한 날로부터 반환하는 날까지의 이자는 지급하지 아니한다.

    a. 본건 경매 사건에서 양수인의 입찰금액 이상으로 제삼자

에게 낙찰되는 경우

b. 채무자의 채무변제 등으로 경매 절차가 취소된 경우

c. 본건 경매 사건에서 법원의 낙찰 불허가 등으로 당사자의 과실 없이 양수인이 낙찰받을 수 없는 경우

d. 회생절차 신청으로 경매 절차가 중지된 경우

제6조 (채권자의 면책)

을은 본 계약체결과 동시에 채무인수대상채권 및 담보권의 해지, 보유와 관련해 갑에게 발생하는 모든 조치, 소송, 채무, 청구, 약정, 손해 또는 기타 청구로부터 갑을 영구하게 면책시킨다.

제7조 (비용의 부담)

각 당사자는 본 계약의 협상을 위해 지출한 변호사보수 기타 일체의 비용은 각자 부담한다. 그 외에 을은 채무인수대상채권 및 담보권의 실사에 소요된 변호사보수 기타 일체의 비용, 갑으로부터 채무인수받는 것과 관련된 모든 비용 일체를 부담하며, 어떠한 경우에도 을은 갑에 대해 그 비용의 부담 또는 상환을 청구하지 못한다.

제8조 (계약 당사자 변경 등)

① 을은 갑의 사전 서면 동의를 얻어 본 계약에 의한 을의 권리와 의무를 제삼자에게 양도할 수 있다. 다만 이 경우에 그 계약 당사자 변경과 관련해 지출되는 모든 비용은 을이 부담하며, 제삼자로의 계약 당사자 변경으로 인해 갑에게 발생하는 모든 불이익은 을의 책임으로 한다.

② 제1항의 규정에 따라 을의 지위를 승계하는 자(아래에서 계약 인수인이라고 한다)가 다수인 경우에 채무인수대상채권 및 담보권의 해지 등은 을과 계약 인수인이 상호 합의해 갑에게 요청하는 방법으로 이루어진다.

제9조 (관할 법원)

본 계약과 관련해 발생하는 분쟁에 관한 소송의 제1심 관할 법원은 갑의 본점 소재지 관할법원인 ××××지방법원으로 정한다.

※ 특약사항

> 채무인수인(을)은 본 계약의 체결과 동시에 양도대상 채권 및 담보권의 양수 및 보유와 관련해 양도인(갑)에게 발생하는 모든 조치, 소송, 채무, 청구, 약정, 손해, 기타 청구 및 양도대상 채권 및 담보권의 부담이 될 수 있는 유치권, 법정지상권, 기타 권리 등의 발생으로부터 양도인(갑)을 영구하게 면책시킨다.

본 계약의 체결을 증명하기 위해 당사자들은 계약서 2통을 작성한다.

2017년 7월 1일

갑 : ×××유동화전문유한회사
　　서울시 종로구 서린동 ×××
　　대표이사 ××× (인)
을 : ×××
　　서울시 서초구 서초동 ×××

계약 해설

「민법」제453조 및 채무인수계약서 제2조 제2항에 따르면 채권자는 변경되지 않고 채무자가 변경된다. 신채무자는 구채무자의 처지가 불쌍해서 채무를 인수하는 것이 아니다. 채무인수계약서 제2조 제1항에 따르면 신채무자는 근저당권 실행 경매 매각기일에 잠재 매수인이 되어 특정 금액으로 경쟁 매각에 참가한다. 매각되는 담보주택을 사려고 신채무자가 되는데 유입이라고 부른다.

갑과 을이 합의한 대로 계약 이행이 잘 될 경우 채무인수계약서 제2조 제2항에 갑과 을이 합의한 대로 을이 3억 2,400만 원에 담보주택의 최고가매수신고인이 된다. 다음 단계는 법원에 3억 2,400만 원을 납부하고 담보주택의 매수인이 된다. 이때 채무인수계약서의 을은 3억 2,400만 원을 다 지급하지 않는다. 을이 신채무자가 되기 때문이다. 「민사집행법」제143조 제1항과 채무인수계약서 제2조 제3항에 따르면 을은 갑과 사전에 합의한 대로 신채무자가 되어 구채무자의 채무 2억 1,500만 원으로 매각대금 지급을 대신하고 이를 차감한 1억 900만 원을 지급한다.

갑이 을의 처지를 불쌍하게 보고 2억 1,500만 원을 안 받는 것이 아니다. 법원에 담보주택의 매각대금이 입금되면 각종 채권자가 채권을 회수하는 배당 단계로 넘어간다. 채무인수계약서 제2조 제2항 b에 따르면 갑은 배당기일이라는 배당 시점에서 채권을 회수하지 않는다. 배당기일로부터 1개월 이내 시점에 채무인수계약체결 시점의 계약금 2,150만 원, 경매에 참가하기 위한 입찰보증금을 차감한 금액을 신채무자인 을로부터 회수한다. 신채무자는 주택 소유권만 남고 더 이상 채무자이면 안 되기 때문에 주택이 채권자에게 담보로 제공되면 안 된다. 따라서 근저당권은 말소된다. 여기까지 채무인수계약서대로 계약 이행이 술술 잘 진행되었을 때의 그림이다.

갑과 을이 합의한 대로 채무인수계약 이행이 잘 안된다고 해도 계약서대로라면 갑이 손해 볼 일은 없다. 을은 하나하나가 선 넘어 산이라서 내가 이러려고 계약했나 자괴감이 들 것이다. 일단 채무인수계약체결 시점에서 계약금 2,150만 원을 갑에게 지급하는 것까지 동일하다. 그러나 을이 최고가매수신고인이 되지 못하면 채무인수계약은 해제되고 계약금 2,150만 원은 을에게 반환되지만, 이 금액에 대해 그동안의 이자로 을이 수령하는 금액은 없다.

이 경우는 그래도 을에게 별 손해가 없지만, 을이 3억 2,400만 원으로 매수 의사표시하지 않고 2억 2,000만 원 미만으로 매수 의사표시해 설사 최고가매수신고인이 되어도 채무인수계약은 해제되며 계약금 2,150만 원은 갑에게 귀속되고 을이 반환 요청을 하지 못하게 된다. 경매에 참가하지 않아도 선순위 근저당권을 제외한 경매 선순위 금액이 입찰보증금보다 많은데, 을이 납부하지 않아도 계약금 2,150만 원은 반환받지 못한다.

다음 단계로 을이 무사히 최고가매수신고인이 되고 채무인수계약의 채권자가 채무인수에 합의해도 법원이 제삼자의 채무인수 이의제기로 채무인수를 허용하지 않을 수 있다. 이때 을은 3억 2,400만 원으로 매수 의사표시했으니 꼼짝없이 3억 2,400만 원 전부를 매각대금으로 지급해야 한다. 3억 2,400만 원 전부를 매각대금으로 지급하지 않아도 2,150만 원은 반환받지 못한다.

다음 단계로 법원이 채무인수를 허용해 을이 무사히 신채무자가 되어도 2억 1,500만 원을 배당기일로부터 1개월 이내 시점에 채권자에게 지급하지 못하면 연 19%의 비율로 지연손해금을 가산해 2억 1,500만 원을 채권자에게 지급해야 한다. 배당기일로부터 1개월 이내 시점으로부터 14일을 초과해 버리면 설상가상으로 을은 법원과 채무인수계약 채권자에게 채무자로 간주된다. 채무인수계약 채권자가 을을 상대로 근저당권 실행 경매를 해버릴 수 있다. 채권자는 채무인수계약 계약금을 차감한 2억 1,500만 원과 배당기일로부터 연 19%의 비율로 지연손해금을 청구해버린다. 을은 주택을 소유하려고 했다가 주택도 소유하지 못하고 연체이자까지 물어야 한다.

그뿐만 아니라 을은 갑으로부터 채무인수받는 것과 관련된 모든 비용, 채무자 변경 관련 비용 및 근저당권 말소 관련 비용까지 지급해야 한다. 을은 계속되는 추가 비용 지급을 감안하고 채무인수계약을 해야 한다.

다유찰계약인수 방식

부실채권 거래방식으로서 다유찰계약인수 방식은 계약 구조가 채무인수 방식과 동일하다. 다유찰계약인수 방식의 경우 계약대상이 주택이 아니라 매각금액이 비교적 큰 호텔, 유원지, 골프장 등이다. 채무자의 채무불이행으로 이미 수차례 경매가 진행되었어도 매수되지 못한 유찰 물건이다.

부동산 경매는 경쟁 입찰 방식으로 가장 높은 금액에 사겠다고 최고가매수를 신청하고 잔금을 납부하는 방법으로 부동산을 매각한다. 「민사집행법」 제97조 제1항에 따르면 최초 매수 경쟁가격은 0원부터 시작하지 않고 감정평가금액을 기준으로 매수할 수 있는 최저금액을 정하고 있다. 이후 최저매각 가격은 수차례 경매로 수차례 매각기일이 정해질 때마다 법원의 판단으로 계속 저감되어 낮아진다.

따라서 유찰이 여러 번 되었다는 것은 다유찰계약인수 방식에서 계약인수인이 계약채권자로부터 그만큼 싸게 부실채권을 매입할 수 있다는 의미다. 물론 다유찰되었으므로 부실채권을 회수하지 못할 위험이 높다. 다른 투자와 마찬가지로 위험이 낮으면 수익이 낮고, 위험이 높으면 수익이 높을 가능성이 있다.

낙찰이행조건부 방식

부실채권 거래방식으로서 낙찰이행조건부 방식은 계약 구조가 채무인수 방식과 유사하다. 최고가매수신고인이 된 후 매각금액을 전액 납부한다는 점이 차이다. 낙찰이행조건부 방식의 부실채권 거래계약서는 다음과 같다.

〈표 21〉 낙찰이행조건부 방식 부실채권 거래계약서의 예

입찰참여 및 채권 일부 양수도계약서

×××유동화전문유한회사(소재지 : 서울 서초구 서초동 XXX, 이하 양도인이라 한다)와 ×××(주소 : 서울 강남구 삼성동 XXX, 이하 양수인이라 한다)는 다음과 같은 조건으로 입찰 참가 및 근저당권 일부 양도계약(이하 본건 계약이라 한다)을 체결한다.

제1조 (계약의 목적)
양수인은 양도인에게 본건 계약으로 금오억 원(₩500,000,000)을 지급하도록 하고 이의 지급방법과 절차를 정함을 목적으로 한다.

제2조 (용어의 정의)
① 양도대상채권이라 함은 양도인이 채무자에 대해 가지는 총 채권 금액 중 일부 금액으로 별지 목록에 기재된 채권의 원금과 그 이자 및 연체이자를 말한다.

② 채무자라 함은 양도대상채권의 채무자인 ×××를 말한다.

③ 담보권이라 함은 양도대상채권을 담보하기 위해 상기 채무에 담보로 제공된 담보권 중 일부 금액으로 별지 목록에 기재된 담보권을 말한다.

④ 양도대상채권 및 담보권 관련 서류라 함은 여신거래약정서, 근저당권 설정계약서 등 양도대상채권 및 담보권의 발생과 관련된 서류를 말한다.

⑤ 본건 경매사건이라 함은 ×××지방법원 2017타경××××호 부동산 임의경매사건을 말한다.

⑥ 집행비용이라 함은 본건 경매사건의 법원 배당표상의 경매비용을 말한다.

⑦ 선순위금액이라 함은 본건 경매사건 배당일 현재 배당표에서 양도인 배당에 우선해 타 채권자에게 배당이 확정된 금액과 배당이의에 의해 소송결과 이전까지 양도인 배당금 중 일부 또는 전부가 법원에 공탁되는 금액을 말한다.

⑧ 차순위차액보전금액이라 함은 본건 경매사건의 매각기일에 차순위 제삼자가 입찰신고한 매수가격이 채권일부양도대금보다 높은 경우에 발생하는 금액의 차액을 말한다.

제3조 (계약금 및 대금지급의 방법)

채권일부양도대금의 계약금 금오천만 원(₩50,000,000)은 계약 시 지급하도록 하며, 잔금 금사억오천만 원(₩450,000,000)은 본건 경매사건의 배당금으로 회수하기로 한다.

제4조의1 (계약의 이행방법 – 채권 일부 양수도)

① 양도인은 계약금 수령 후 제4조의2에 의해 양수인이 본건 경매사건에서 낙찰을 받고 낙찰대금을 완납한 경우, 양도인이 보유한 2순위 근저당권 금삼억원(₩300,000,000) 중 금사천만 원(₩40,000,000)을 양수인에게 별지목록 채권과 함께 양

도하기로 하다.

② 양도인은 본건 경매 사건으로부터 배당금을 수령한 경우 전체 배당금(집행비용 포함) 중에서 제3조의 잔금을 제외한 금액을 양수인에게 배당기일로부터 7영업일 이내에 지급한다.

③ 채권 및 근저당권의 일부 이전에도 불구하고 본건 경매 사건의 배당 시 선순위 세금을 포함한 양도인의 채권 및 근저당권 금오억원(₩500,000,000)을 우선충당하고, 잉여가 있는 경우에 양수인의 근저당권을 충당하도록 한다.

④ 위 채권 및 근저당권관련 원인서류는 양도인이 보관하도록 하며, 필요한 경우 양수인에게 교부할 수 있다.

제4조의2 (계약의 이행방법 – 경매 입찰참가)

① 양수인은 본 계약체결 이후 본건 경매사건의 매각기일 2017년 7월 31일에 금오억사천만 원(₩540,000,000)으로 경매 입찰에 참가하기로 하며, 최고가매수신고인이 된 경우 영수증 사본을 양도인에게 교부하도록 한다.

② 본건 경매사건과 관련해 발생한 전입찰보증금 및 항고보증금 등 각종 몰취보증금(이자포함)은 어떠한 경우에도 본 계약과 별도로 양도인의 채권에 충당하기로 한다.

제5조 (승인 및 권리포기)

① 양수인은 자신이 직접 채무자, 담보권, 양도대상채권, 담보권 및 본건 경매사건 관련 서류에 대해 실사를 한 후 본 계약을 체결한다.

② 본 계약은 계약체결일을 기준일로 해 선순위채권을 포함한 채권내역 및 근저당권 설정내역은 별지와 같음을 확인하며, 경매 기일 전까지 변동 내역이 발생할 경우 양도인은 이를 양수인에게 통보하도록 한다.

③ 본 계약조항과 상치되는 여하한 것에도 불구하고, 양도인은

채무자의 채무상태 및 변제자력 또는 양도대상채권 및 담보권과 관련된 조건, 양도가능성, 집행가능성, 완전함, 대항요건, 양도대상채권 및 담보권 관련 문서의 정확성 및 그 양도가능성을 포함해 양도대상채권에 대한 여하한 진술 및 보장도 하지 아니한다.

④ 양수인은 양도인이 현재의 형식과 상태대로 양도대상채권 및 담보권을 양도함을 확인한다.

⑤ 양도인은 양도대상채권 및 담보권의 양도와 관련해 조치 및 어떤 보증 또는 담보 책임을 지지 아니한다.

⑥ 양수인은 본건 경매 사건의 해당 목적물에 대해 충분한 현장실사 및 행정조사를 했으며, 현재 및 장래에 발생할 수 있는 행정적 제한, 폐기물, 분실, 파손, 작동여부, 유치권, 점유변동 등에 대해 어떠한 이의를 제기하지 않고 현황대로 계약하기로 한다.

⑦ 양수인은 경매사건의 배당절차에서 배당이의 소송이 발생할 수도 있음을 인지하며, 이 경우 양도인에게 명도를 포함한 책임을 묻지 않는다.

⑧ 본 계약체결 이후로는 양도인은 직접 경매 입찰에 참가하거나, 제삼자와 계약을 체결하지 않도록 한다.

제6조 (계약의 해제, 근저당권 회복)

① a. 양수인의 입찰금액 이상으로 제삼자에게 매각되는 경우
   b. 법원의 낙찰 불허가 등으로 당사자의 과실 없이 경매 절차에 장애가 발생했으나 양도인과 양수인이 이를 수용하기로 합의한 경우
   단 위의 경우에 양도인은 양수인으로부터 받은 계약금을 반환함으로써 본 계약은 해지된다.

② 경매 절차에 의한 대금납부기한까지 경매 매각대금을 납부하지 못한 경우

③ 양수인이 제4조의2에 의해 입찰에 참여하지 않은 경우

위 ②항 및 ③항에 의해 이 계약이 해제되는 경우, 양수인이 이미 지급한 계약금은 위약금 및 손해배상금으로 양도인에게 귀속되며, ②항의 경우 입찰보증금은 경매 절차에 의한 배당재원에 포함된다.

단 양도인의 동의가 있는 경우 대금납부기한 이후부터 재경매기일 7일 전까지 양수인이 대금을 납부하면 본 계약은 유효하며, 해당 경매사건의 지연이자에 대해서는 양도인에게 지연손해금으로 잔금에 추가해 수령하도록 한다.

제7조 (양도인의 면책)

양수인은 본건 계약체결과 관련해 양도인에게 발생하는 모든 조치, 소송, 채무, 청구, 약정, 손해 또는 기타 청구로부터 양도인을 영구하게 면책시킨다.

제8조 (비용의 부담)

각 당사자는 본건 계약의 협상을 위해 지출한 변호사 보수 기타 일체의 비용을 각자 부담한다. 그 외에 양수인은 양도대상채권 및 담보권의 실사에 소요된 변호사 보수 기타 일체의 비용, 양도대상채권 및 담보권을 양도인으로부터 이전받는 것과 관련된 모든 비용 일체를 부담해, 어떠한 경우에도 양수인은 양도인에 대해 그 비용의 부담 또는 상환을 청구하지 못한다.

제9조 (관할법원)

본건 계약과 관련해 발생하는 분쟁에 관한 소송의 제1심 관할법원을 ×××지방법원으로 정한다.

※ 특약사항

1. 입찰참여 및 채권 일부 양수도계약서 4조 1항에 의거 현금납부를 했을 경우 약정된 금원을 제외한 금원은 양수인이 지정하는 계좌로 반환한다.
2. 선순위 당해세 및 경매 비용은 매수자가 부담한다.

본건 계약의 체결을 증명하기 위해 당사자들은 계약서 2통을 작성한다.

2017년 7월 1일

양도인 : ×××유동화전문유한회사
　　　　 서울 서초구 서초동 ×××
　　　　 대표이사 ××× (인)
양수인 : ××× (인)
　　　　 서울 강남구 삼성동 ×××

부실채권 거래 방식은 크게 채권양도 방식과 채무인수 방식으로 구분된다. 채무인수 방식의 변종으로 다유찰계약인수 방식과 낙찰이행조건부 방식이 있다고 간주된다. 채무인수, 다유찰계약인수 방식의 공통점은 계약조건에 부실채권 거래당사자가 최고가매수신고인이 되는 것이 들어가 있다. 낙찰이행조건부 방식의 경우 입찰참여 및 채권일부양수도계약서 제4조의1 제1항에 따르면 추가 채권 4,000만 원을 일부 양도·양수한다. 제4조의2 제1항처럼 5억 원에 경매에 참여하지 않고 5억 4,000만 원에 경매에 참가해버리기 때문에 최고가매수신고인이 될 가능성이 그만큼 높아진다.

경매는 본래 각종 불특정 잠재 매수인이 경쟁해 부동산을 매수하라고 있는 것이다. 그런데 경매 전에 유동화전문유한회사와 투자자 간 채무인수, 다유찰계약인수 및 낙찰이행조건부 방식으로 계약하면 계약한 투자자가 반드시 최고가매수신고인이 될 수 있게 작전에 들어간다는 의미다.

낙찰이행조건부 방식은 투자자가 반드시 유입하려고 할 때 활용할 수 있는 방식이다. 그러나 채무인수 방식과 유사하게 계약 이행이 술술 잘 풀리지 않는 경우 투자자는 부동산 소유자가 되지 못한다. 그뿐만 아니라 계약금을 돌려받지 못하고 각종 추가 비용이 발생해 유동화전문유한회사와 계약하는 투자자가 너무 불리하다.

사후정산 방식

부실채권 거래방식으로서 사후정산 방식도 거래 당사자가

최고가매수신고인이 되어야 한다는 점에서 채무인수, 다유찰계약인수 및 낙찰이행조건부 방식과 동일하다. 사후정산 방식은 경매 절차의 종점으로서 채권자가 채권을 회수할 수 있는 배당까지 종료하고 난 뒤 계약서 거래가 종료된다. 곧 양도인의 수령 양도대금 확정 시점이 배당 시점으로부터 10영업일이고, 양수인이 채권을 양수하는 시점이 배당 시점으로부터 10영업일이다. 사후정산 방식의 부실채권 거래계약 시점은 단지 매매약정으로서 계약금이 오고 갈 뿐이다. 물론 계약서대로 계약 이행이 술술 풀릴 때 상황이다. 계약 이행이 잘 안 되면 채무인수 방식처럼 계약금을 돌려받지 못할 뿐 아니라, 각종 추가 비용이 발생한다.

〈표 22〉 사후정산 방식 부실채권 거래계약서의 예

채권양도·양수계약서

×××유동화전문유한회사(소재지 : 서울시 서초구 서초동 ×××, 이하 양도인이라 한다)와 ×××(주소 : 서울시 강남구 청담동 ×××, 이하 양수인이라 한다)는 다음과 같은 조건으로 채권양도·양수계약(이하 본건 계약이라 한다)을 체결한다.

제1조 (용어의 정의)
① 양도대상채권이라 함은 양도인이 채무자에 대해 가지는 별

지 목록에 기재된 채권의 원금과 그 이자 및 연체 이자를 말한다.

② 채무자라 함은 양도대상채권의 채무자인 ×××를 말한다.

③ 담보권이라 함은 양도대상채권을 담보하기 위해 상기 채무에 담보로 제공된 별지 목록에 기재된 담보권을 말한다.

④ 양도대상채권 및 담보권 관련 서류라 함은 여신거래약정서, 근저당권 설정계약서 등 양도대상채권 및 담보권의 발생과 관련된 서류를 말한다.

⑤ 매매기준일은 매매계약의 효력이 발생하는 날을 의미하며 2017년 7월 4일로 한다.

⑥ 계약일은 2017년 7월 4일로 한다.

⑦ 잔금지급일은 특약사항 기재 본건 경매 사건의 배당으로부터 10영업일을 의미한다.

⑧ 회수금은 양도대상채권과 관련해 매매기준일(당일 불포함) 이후 잔금지급일(당일 포함)까지 기간 중에 양도인이 회수한 금액 합계를 의미한다.

제2조 (채권의 양도·양수)

① 양도인은 양도대금을 지급받는 것을 대가로 계약일 현재 존재하는 양도대상채권 및 담보권과 이에 부수하는 모든 권리, 권한, 이자와 이익을 양수인에게 매도하고 이전하며 전달하고, 양수인은 이를 양도인으로부터 매수하고 취득하며 인수한다. 또한 양수인은 양도대상채권 및 담보권과 관련된 모든 의무를 부담하고 양도대상채권 및 담보권의 모든 조건을 따를 것을 동의한다. 양도대상채권에 대한 양수인의 모든 권리, 자격 및 이익은 잔금지급과 동시에 매매기준일에 효력이 발생한다.

② 양수인이 본건 계약의 체결 후 양도대상채권 및 담보권의 양도에 대한 대금(이하 양도대금이라 한다) 전부를 양도인에게 지

급하는 경우에 양도인은 지체 없이 양도대상채권 및 담보권 관련 서류의 원본을 양수인에게 교부하며, 양도대상채권 및 담보권의 양도 사실을 채무자에게 지체 없이 내용증명우편 기타 확정일자 있는 증서에 의해 통지한다.

③ 본 계약의 양도인이 매매기준일까지 추심한 모든 금원은 양도인에게 귀속되고, 잔금지급일 전 양도인이 채무자로부터 수령한 회수금은 양수인에게 귀속한다.

④ 양수인이 양도인에게 양도대금 전부를 여하한 유보 없이 상계 기타 이와 유사한 것에 의하지 아니하고 지급하며 양도인이 양수인에게 본 계약에 의한 의무를 이행하는 때는 본건 계약에 기한 거래는 종결되는 것으로 한다.

제3조 (양도대금, 대금지급기일의 연장)

① 양도대금은 금오억 원(₩500,000,000)으로 한다.

② 계약금은 금오천만 원(₩50,000,000)으로 하며 계약 시 지급한다.

③ 잔금은 금사억오천만 원(₩450,000,000)으로 하며 잔금지급일까지 지급하도록 한다.

④ 양수인이 위 잔금기일을 연장하려는 경우에는 기한 전에 양도인에게 잔금납부 기한 연장을 요청해 양도인의 승인을 얻어야 한다. 이 경우 양수인은 납부기일 익일부터 연장 기한일까지 잔금에 대해 연 19% 연체이율에 의해 계산된 지연이자를 선납부해야 한다.

⑤ 양수인은 양도대금을 양도인이 지정하는 은행 계좌에 현금으로 입금하거나 양도인이 별도로 지정하는 방식으로 지급한다.

제4조 (회수금의 정산)

① 양도인이 채권회수를 위해 지출한 법적 절차 비용은 양수인

이 부담한다(경매 신청비용 포함).

② 양도인은 잔금지급일에 양수인에게 양도대금 미지급금 및 법적 절차 비용을 회수금과 정산한 후 정산금을 지급한다.

제5조 (승인 및 권리포기)

① 양수인은 자신이 직접 채무자, 양도대상채권, 담보권 및 담보권 관련 서류에 대해 실사한 후 본 계약을 체결한다.

② 본 계약조항과 상치되는 여하한 것에도 불구하고 양도인은 채무자의 재무상태 및 변제자력 또는 양도대상채권 및 담보권 관련 조건, 양도가능성, 집행가능성, 완전함, 대항요건, 양도대상채권 및 담보권 관련 문서의 정확성 및 그 양도가능성을 포함해 양도대상채권에 대한 여하한 진술 및 보장도 하지 아니한다.

③ 양수인은 양도인이 현재의 형식과 상태대로 양도대상채권 및 담보권을 양도함을 확인한다.

④ 양도인은 양도대상채권 및 담보권의 양도와 관련해 어떠한 보증 또는 담보 책임을 지지 아니한다.

제6조 (양도인의 면책)

양수인은 본건 계약체결과 동시에 양도대상채권 및 담보권의 양수 및 보유와 관련해 양도인에게 발생하는 모든 조치, 소송, 채무, 청구, 약정, 손해 또는 기타 청구로부터 양도인을 영구하게 면책시킨다.

제7조 (제삼자 낙찰 등)

양수인이 본건 경매 절차에서 입찰대금을 ₩800,000,000원 이상으로 정해 입찰에 참여했으나 제삼자가 위 금액 이상으로 입찰에 참가해 최고가매수인이 된 경우 및 채무자의 채무변제 등으로 경매절차가 취소된 경우 양도인은 계약을 해제할 수 있다.

이 경우 양수인이 계약체결 시 양도인에게 지급한 ₩50,000,000원은 양수인에게 반환해야 한다. 단 양도인이 위 금원을 수령한 날로부터 반환하는 날까지 이자는 지급하지 아니한다.

제8조 (계약의 해제, 손해배상의 예정)

① 다음 각 호의 경우 양도인은 계약을 해제할 수 있다.
 1. 양수인이 양도대금의 지급을 지체하는 경우
 2. 양수인이 본 계약에서 약정한 본건 경매 절차의 입찰에 참가하지 아니한 경우
 3. 양수인이 본 계약에서 약정한 경매 절차의 입찰에 참가했으나 입찰대금을 ₩800,000,000원 미만으로 기재한 경우
② 전항 각 호의 사유로 양도인이 계약을 해제하는 경우 양도인은 양수인에 대한 별도의 통지 없이 본건 계약을 해제할 수 있다.
③ 제①항의 사유로 계약을 해제하는 경우 양수인이 계약체결 시 양도인에게 지급한 ₩50,000,000원, 양수인이 본건 경매 법원에 납부한 입찰보증금은 위약금으로서 전액 양도인에게 귀속되며 양수인은 위 금원의 반환을 청구할 수 없다.
④ 잔금지급일 이후에는 여하한 사유로도 계약의 해제 및 환매를 청구할 수 없다.

제9조 (비용의 부담)

각 당사자는 본건 계약의 협상을 위해 지출한 변호사보수 기타 일체의 비용을 각자 부담한다. 그 외에 양수인은 양도대상채권 및 담보권의 실사에 소요된 변호사보수 기타 일체의 비용, 양도 대상채권 및 담보권을 양도인으로부터 이전 받는 것과 관련된 모든 비용 일체를 부담하며, 어떠한 경우에도 양수인은 양도인에 대해 그 비용의 부담 또는 상환을 청구하지 못한다.

제10조 (계약당사자 변경 등)

① 양수인은 양도인의 사전 서면동의를 얻어 본건 계약에 의한 양수인의 권리와 의무를 제삼자에게 양도할 수 있다. 다만 이 경우에 그 계약당사자 변경과 관련해 지출되는 모든 비용은 양수인이 부담하며 제삼자로의 계약당사자 변경으로 인해 양도인에게 발생하는 모든 불이익은 양수인의 책임으로 한다.

② 제1항의 규정에 따라 양수인의 지위를 승계하는 자(아래에서 계약인수인이라고 한다)가 다수인 경우에 양도대상채권 및 담보권의 양도는 양수인과 계약인수인이 상호 합의해 양도인에게 요청하는 방법으로 이루어진다.

제11조 (관할법원)

본건 계약과 관련해 발생하는 분쟁에 관한 소송의 제1심 관할법원을 ×××지방법원으로 정한다.

※ 특약사항

> 1. 양수인은 XXX지법 XXX지원 2017타경XXXX호 부동산 임의경매 절차(본건 경매절차라 한다)에서 매각기일에 입찰금액을 ₩800,000,000원 이상으로 해 입찰에 참가해야 한다(만일 매각기일이 변경될 경우 차회 매각기일에 참여해야 한다).
> 2. 본건 경매 절차에서 제삼자(매수인 지정 입찰참가자 제외)가 신고한 입찰가격이 ₩400,000,000원보다 높을 경우 매수인은 금사억이천만 원을 한도로 금사억원과 차액을 잔금지급일에 매도인에게 추가 지급한다.
> 3. 매도인이 부담한 경매 비용에 대해서는 매수인 부담으로 한다.
> 4. 대지권의 이전 절차는 매수인이 진행해야 한다.

본 계약의 양당사자는 계약서 내용을 충분히 숙지하고 이에 합의했으며, 본건 계약의 체결을 증명하기 위해 당사자는 계약서 2통을 작성한다.

2017년 7월 4일

양도인 : ×××유동화전문유한회사
　　　　 서울시 서초구 서초동 ×××
　　　　 이사 ×××
양수인 : ×××
　　　　 서울시 강남구 청담동 ×××

　이외에 이 책에서 밝히지 못하는 별도의 노하우 투자 방식이 있다. 현장 강좌에서 설명하기로 하고 내용은 생략한다. 질권 투자 후 NPL 변환 방식, 신탁형 저당권 투자 방식, 담보채권 변환 무담보 투자 방식, 대위변제 투자 방식, 특히 그중 임의대위, 법정대위, 순환대위 및 역투자 방식 등 다양한 수익형 NPL 채권 투자 방식이다.

06

대위변제 방식

부실채권 거래 방식 중 대위변제 방식이 있다. 론세일 방식이 채권양도[37], 채무인수 방식과 다유찰계약인수, 낙찰이행조건부 및 사후정산 방식 등 파생 방식이 채무인수[38]에 토대를 두고 있다. 대위변제 방식은 채권소멸 중 변제에 기초하고 있다.[39] 부실채권 거래 방식은 채권을 사든가 채무를 인수하든가 대위변제하든가다. 하나 더 추가한다면 채권을 만드는 금융업자가 되든가다.

그렇다면 채무변제와 대위변제는 도대체 무슨 차이가 있는가? 채무변제는 채무자가 채권자에게 채무를 갚는 것이다. 주택담보대출의 경우 대위변제는 후순위 근저당권자가 선순위 근저당권자를 대신한다. 물론 선순위 근저당권자가 공짜로 대신할 수 있게 해주는 것은 아니다. 후순위 근저당권자가 선순위 근저당권자의 채무자를 위해 변제한다. 또한 후순위 근저

---

37) 「민법」 제449조~제452조
38) 「민법」 제453조~제459조
39) 「민법」 제460조~제486조

당권자는 선순위 근저당권자의 채무자가 불쌍해서 선순위 근저당권자에게 변제해주는 것이 아니다. 변제하지 않으면 다른 채권자로부터 채권회수를 당하게 되거나, 채무자에 대한 자기 권리로서 채권회수를 못 하게 될 위험이 있는 배당순위일 수 있다.[40] 후순위 근저당권자는 변제해주고 선순위 근저당권자의 채무자에 대해 보상을 청구하는 구상권과 채권 및 근저당권을 이전받을 수 있는 대위권을 획득한다. 대위변제는 채무자를 위해 변제하고 채권자의 지위를 대신한다.

대위변제자로서 후순위 근저당권자는 구상권에서 파생되는 선순위 근저당권자의 채권 및 그 담보에 관한 권리를 행사할 수 있다.[41] 채권 전부의 대위변제를 받아 채권을 회수한 선순위 근저당권자는 그 채권 증서 및 근저당권 증서 등을 후순위 근저당권자에게 양도하는 경우 채무자 입장에서 후순위 근저당권자가 선순위 근저당권자가 되는 것을 허용할 것인지 선택의 여지가 있는 경우가 있고[42] 선택의 여지가 없는 경우도 있다.[43] 그러나 어차피 선순위근저당권자가 된 후순위 근저당권자가 채무자에게 채권회수 보상을 청구하려면 채무자에게 인정을 받아야 한다. 채무자 입장에서 채권자가 이 사람으로부터 저 사람으로 바뀌는 문제이기 때문이다.

후순위 근저당권자는 자기 채권회수를 방어하기 위해 대위

---

40)「민법」제481조
41)「민법」제482조 제1항
42) 임의대위
43) 법정대위

변제한다. 자기 재산을 지키기 위한 대위변제이면 법정대위이다. 후순위 근저당권자의 경우 선순위 근저당권자의 지위를 획득하지 않으면 경매 배당에서 채권을 회수하지 못할 우려가 있기 때문이다. 선순위 근저당권자 채무자의 대출금을 변제하면서 선순위 근저당권자의 지위를 대신하는 것은 대위변제신청서를 선순위 근저당권자에게 제출하면서 본격적으로 시작된다.

일반적으로 담보 부동산과 상관있는 각종 채권자가 확정되어야 하기 때문에 배당요구종기일 이후 대위변제를 진행하게 된다. 그러나 법원 경매신청처럼 꼭 신청서가 오가는 것은 아니다. 선순위 근저당권자와 후순위 근저당권자 간 합의하기 나름이다. 법정대위 대위변제신청서에 채무자의 대위변제 승낙을 작성·서명하게 되어 있지만 반드시 필요한 것은 아니다. 반면 임의대위 대위변제신청서에는 반드시 채무자의 대위변제 승낙 작성·서명이 있어야 한다.

양도인과 양수인간 채권양도·양수이든, 선순위 근저당권자와 후순위 근저당권자(대위변제자) 간 대위변제이든 근저당권 설정·이전·변경 및 말소라는 근저당권 변동 및 근저당권 이전에 해당된다. 곧 거래 실질은 선순위 근저당권자와 후순위 근저당권자 간 대위변제도 선순위 근저당권자에게 자금이 가고 후순위 근저당권자에게 선순위 채권 및 근저당권이 오는 채권양도 거래다.[44]

대위변제 신청서

앞

귀 은행의 채무자,   은(는) 201 년 월 일 대출(여신)거래 약정
서에 의하여 귀 은행으로부터 차용한 채무 현재액 금   원정을
채무자의 동의 등을 득하여 대위변제하오니 승낙하여 주시고 대위변제 증서를
본인에게 교부하여 주시기 바랍니다.

첨 부 서 류

1. 법인등기부 등본   1통
2. 법인인감   1통
3. 인감증명서 (   )   1통

201 년   월   일

본인   성명:
           주민(법인)번호:
(대위변제자) 주소:

채무자   성명:
(대위변제승낙자) 주소:

---

44) 「근저당권에 관한 등기사무처리지침」, 등기예규 제1471호, 제3조 제2
   항 제1호

대위변제를 통해 근저당권이 이전되려면 채권자 금융회사와 채무자 간 부동산담보대출계약과 근저당권 설정계약이 체결되어 있어야 한다. 곧 근저당권 이전은 근저당권 설정을 전제로 한다. 등기사항전부증명서에서 근저당권설정과 대위변제를 통한 근저당권이전은 다음과 같다.

〈그림 19〉 대위변제를 통한 근저당권이전

순위번호	등 기 목 적	접 수	등 기 원 인	권 리 자 및 기 타 사 항
			성남지원의 임의경매개시결정(2015 타경177)	(소관 : 강남여신관리단)
7	가압류	2015년12월24일 제110454호	2015년12월24일 서울중앙지방법원의 가압류결정(2015카단540	청구금액 금10,488,560 원 채권자 농협은행 주식회사 110111-4809385 서울 중구 통일로 120 (충정로1가) (강남여신관리단)

【 을 구 】 (소유권 이외의 권리에 관한 사항)

순위번호	등 기 목 적	접 수	등 기 원 인	권 리 자 및 기 타 사 항
1	근저당권설정	2002년9월16일 제85272호	2002년9월12일 설정계약	채권최고액 금228,000,000원 채무자 성남 분당구 이매동 근저당권자 주식회사조흥은행 서울 중구 남대문로1가 1번 (카탈동지점)
1-1	1번등기명의인표시변경	2016년1월7일 제867호	2006년4월1일 상호변경	주식회사조흥은행의 성명(명칭) 주식회사신한은행
1-2	1번등기명의인표시변경	2016년1월7일 제868호	2007년4월2일 취급지점변경	주식회사신한은행의 취급지점 본점채달마다운지점
1-3	1번등기명의인표시변경	2016년1월7일 제869호	2006년4월1일 본점이전	주식회사신한은행의 주소 서울특별시 중구 세종대로9길 20(태평로2가)

열람일시 : 2016년07월18일 09시00분49초   5/14

순위번호	등 기 목 적	접 수	등 기 원 인	권 리 자 및 기 타 사 항
1-4	1번근저당권이전	2016년1월7일 제870호	2016년1월7일 확정채권양도	근저당권자 해외파트밀 서울특별시 서초구
1-5	1번근저당권부질권	2016년1월19일 제9211호	2016년1월19일 설정계약	채권액 금228,000,000원 변제기 2017년 1월 00일 채무자 해외파트밀 서울특별시 서초구 채권자 주식회사아이비케이저축은행 부산광역시 부산진구
1-6	1번근저당권이전	2016년4월4일 제19519호	2016년4월4일 확정채권양도	근저당권자 561117-******* 서울특별시 송파구 460614-******* 경기도 성남시 분당구 601021-******* 경기도 성남시 분당구 620511-******* 서울특별시 송파구 690116-******* 경기도 용인시 수지구

부동산의 이력서인 등기사항전부증명서에 근저당권 이전을 표시하려면 근거가 있어야 한다.

근저당권양도·양수계약서

양도인(갑)   주식회사 신한은행(
                    서울특별시 중구

양수인(을)   제이캐피탈ː
                    서울특별시 서초구
                    대표이사 정▓우

양도인은 '갑'으로 하고 양수인을 '을'로 하여 갑과 을은 아래와 같이 근저당
권양도, 양수 계약을 체결한다.

-아 래-

1. 【양도할 근저당권】
양도인(갑)이 채무자   과 2002. 09. 12.자 근저당권설정계약을 기초
하여 접수한 2002년 09월 16일 접수 제85272호 로 등기한 순위번호 1번
근저당권, 2004. 04. 27.자 근저당권설정계약을 기초로 하여 접수한
2004년 04월 27일 접수 제32848호 로 등기한 순위번호 2번 근저당권,
2006. 03. 10.자 근저당권설정계약을 기초로 하여 접수한 2006년 03월 10
일 접수 제17510호 로 등기한 순위번호 3번 근저당권을 양수인(을)에게 양
도한다.

2. 【양도할 물건의 표시】
1) 소재지 : 경기도 성남시 분당구 이매동

2) 양도할 저당권의 표시: 2002년 09월 16일 접수 제85272호 로 등기한
　　　　　　　　　　　순위 제1번 근저당권
　　　　　　　　　　　2004년 04월 27일 접수 제32848호 로 등기한
　　　　　　　　　　　순위 제2번 근저당권
　　　　　　　　　　　2006년 03월 10일 접수 제17510호 로 등기한
　　　　　　　　　　　순위 제3번 근저당권

3. 【근저당권 이전】

양도인(갑)은 상기 근저당권에 대한 양도로 2002년 09월 16일자 근저당권
설정등기(을구 순위번호 1번, 접수번호 제85272호, 채권최고액 금
228,000,000원), 2004년 04월 27일자 근저당권 설정등기(을구 순위번호
2번, 접수번호 제32848호, 채권최고액 금 108,000,000원), 2006년 03월
10일자 근저당권설정등기(을구 순위번호 3번, 접수번호 제17510호, 채권
최고액 금 48,000,000원)는 양수인(을)에게 이전되었음을 확인하며 근저
당권 이전등기 등의 절차에 협조하기로 한다.

4. 【양도의 통지】

양도인(갑은) 지체 없이 채무자　　에게 위 근저당권이 양도된 사실을
내용증명 있는 증서로 통지한다. 또한 위 양도통지를 양수인(을)에게 위임
한다.

5. 【근저당권 원본서류 교부】

양도인(갑)은 양수인(을)이 근저당권 등을 행사할 수 있도록 근저당권 원본
서류를 교부해 주기로 한다.

6. 【특약사항】

양도인(갑)은 위 근저당권양도,양수계약에 기초하여 양수인(을)이 채무자
　　(을)를 상대로 제기할 민, 형사적 소송에 이의를 제기하지 않으며 모든
조력을 지원한다.

7. 【첨부서류】
 1) 근저당권설정계약서 원본
 2) 위 근저당권서류와 관련된 일체의 서류

위 계약내용을 증명하기 위하여 계약서 2통을 작성하여 갑과 을이 각 1통씩
보관키로 한다.

2016년 1월   7일

양도인(갑)   주식회사 신한은행
                   서울특별시
                           지점 지배인

양수인(을)   제이캐피탈
              서울특별시 서초구
                              대표이사 정█우

성공 NPL을 위한
경매 핵심

01

경매와 공매

법원 부동산 경매

부실채권 투자에서 부실채권 양·수도 계약이 유통시장에 해당한다면, 계약에 따른 결과를 획득할 수 있는 경·공매 절차는 회수시장이다. 부실채권 투자의 수익은 회수 범위에 따른 수익으로 결정되고 경매 낙찰가격과 직결되어 있다. 부실채권과 경·공매는 동전의 양면과 같은 하나의 시장이다. 그런데도 부실채권 투자 수익률에만 집착해 경·공매에 대한 일체의 지식 없이 부실채권 강좌를 수강하는 경우도 있다. 기왕이면 기초 경매 지식을 갖추는 것이 더 좋다. 경매 지식이 있으면 더욱 높은 수익을 획득할 수 있는 물건 선별이 용이하다.

부실채권 투자는 한마디로 경매 낙찰가격 맞추기다. 부동산 소유권을 취득하는 경매 투자와 부실채권 투자의 포인트에는 차이가 있다. 이 책에서는 부실채권과 관련해 인지하고 있어야 하는 경매 부분을 논했다.

경매 요약

경매의 최종 목적은 채권·채무를 정리하는 것이다. 채권자 입장에서는 채무자의 매각된 재산에서 그 채권만큼 받아가면 된다. 법원 경매 절차는 경매 신청 및 경매개시결정, 배당요구 종기 결정 및 공고, 매각 준비, 매각 방법 등 지정·공고·통지, 매각 실시, 매각 결정 절차, 매각대금 납부, 소유권이전등기 촉탁 및 부동산 인도명령 등 절차를 진행한다.

부동산 경매는 크게 채무자가 재산을 처분하거나 숨기지 못하게 부동산을 동결하는 압류 절차, 압류한 부동산으로 채권자의 채권회수를 위한 현금화 절차, 부동산의 매각대금으로 각종 채권자의 채권을 변제하는 배당 절차 등 세 절차로 구분할 수 있다. 부동산 경매 방식은 실질적 경매와 형식적 경매로 구분하고, 실질적 경매는 다시 담보권 실행을 위한 임의경매와 강제경매로 구분되는 등 다양한 기준에 따라 구분된다. 이 책에서는 주로 부실채권 투자와 관련해 근저당권자의 경매 신청으로 시작되는 임의경매를 논한다.

경매의 시작은 법원이 근저당권자 등 채권자가 신청해 법원의 경매개시결정으로 이루어진다. 이후 담보된 부동산은 압류되어 다른 사람에게 양도하거나 근저당권 또는 전세권을 설정할 수 없다. 다음 절차로 법원은 근저당권자를 비롯한 각종 채권자에게 채권회수할 것이 있으면 주장할 것을 요구한다. 경매개시결정일로부터 일주일 안에 배당요구종기일을 결정해서 알린다. 이때 배당요구종기일은 배당요구를 할 수 있는 마감일이다.

마감일이 있으면 시작일도 있다. 배당요구 시기일은 채무불이행 채무자의 부동산이 압류되는 시점으로서 경매개시결정 시점이다. 배당요구 종기일은 부동산이 매각되기 일주일 전 시점으로 배당요구기간은 매각하기 위해 부동산 동결이 확정되는 시점부터 매각하기 일주일 전까지다. 이때 채무자에게 채권회수할 것이 있는 채권자는 배당요구종기일까지 배당요구를 해야 배당을 받을 수 있다. 근저당권자는 배당요구를 하지 않아도 배당을 받을 수 있는 채권자다. 실무상 채권회수 금액에 법원과 근저당권자 간 의견 차이가 없게 근저당권자도 배당요구종기일까지 배당 요구한다.

다음 단계로 채권자에게 배당하기 위해서 담보 부동산을 사려는 응찰자를 경쟁하게 해 가장 높은 매수가격을 제시하는 최고가매수인을 결정한다. 응찰자에게는 부동산 상품으로서 부동산 매수 의사결정에 정보를 제공해야 한다. 법원이 제공하는 정보에는 현황조사보고서[45], 최저매각가격을 결정하기 위한 부동산의 감정평가서[46], 부동산에 관해 더욱 상세한 매각물건명세서[47]가 제공되고 있다.

한편 법원은 조세 기타 공과를 주관하는 공무소, 등기된 부동산 권리자 등 각종 채권자에게 채권계산서를 작성해 배당

---

45) 「민사집행법」 제85조
46) 「민사집행법」 제97조
47) 「민사집행법」 제105조

요구를 하라고 채권신고 확답을 촉구(최고)한다. 다음 단계로 법원은 잠재 매수인이 경쟁해 부동산을 매수하게 하는 매각기일과 특정 매수인에게 매각을 허용할 것인지 여부를 결정하는 매각결정기일을 지정한다. 지정한 후 법원은 공고 및 각종 채권자에게 통지한다.[48]

이후 매각이 진행되고 최고가매수인이 결정되면 매각결정 절차, 매각대금 납부, 소유권이전등기와 매수자의 신청에 따라 부동산 인도명령 등의 순서로 진행된다. 매각결정 이후 비로소 채권자의 채권회수를 위한 배당 절차에 이르게 된다. 법원은 배당기일을 정해 매수인의 매각대금을 각종 채권자에게 배분한다.

〈표 23〉 부동산 목적 담보권 실행 경매 절차와 진행기간

종류	진행기간	누적 일수	근거
경매 신청서 접수	접수 당일	1	민사집행법 제80조, 제264조 제1항
미등기건물 조사명령	신청일부터 3일 (조사기간은 2주)		민사집행법 제81조 제3,4항, 제82조
개시결정 및 등기촉탁	접수일로부터 2일	2	민사집행법 제83조, 제94조, 제268조
채무자에게 개시결정 송달	개시결정일로부터 3일	4	민사집행법 제83조, 제268조
현황조사명령	개시결정일로부터 3일 (조사기간은 2주)	18	민사집행법 제85조, 제268조

---

48) 「민사집행법」 제104조

평가명령	개시결정일로부터 3일 (평가기간은 2주)	18	민사집행법 제97조 제1항, 제268조
배당요구종기결정, 배당요구종기 등의 공고·고지	등기필증 접수일부터 3일	4	민사집행법 제84조 제1,2,3항, 제268조
배당요구종기	배당요구종기결정일로부터 3개월	94	민사집행법 제84조 제1항, 제6항, 제87조 제3항, 제268조
채권신고의 최고	배당요구종기결정일로부터 3일 (최고기간은 배당요구종기까지)	94	민사집행법 제84조 제4항
최초매각기일·매각결정기일의 지정·공고, 이해관계인에게 통지	배당요구종기부터 1개월	124	민사집행법 제104조, 제268조
매각물건명세서 작성, 그 사본 및 현황조사보고서·감정평가서 사본의 비치	매각기일 1주일 전까지	137	민사집행법 제105조 제2항, 제268조, 민사집행규칙 제55조
최초매각기일	공고일부터 20일	144	민사집행규칙 제56조
새매각기일·새매각결정기일 또는 재매각기일·재매각결정기일의 지정·공고	사유발생일로부터 1주일	151	민사집행법 제119조, 제138조, 제268조
새매각 또는 재매각기일	공고일부터 20일	170	민사집행법 제119조, 제138조, 제268조, 민사집행규칙 제56조
매각기일조서 및 보증금 등의 인도	매각기일로부터 3일	146	민사집행법 제117조, 제268조
매각결정기일	매각기일로부터 1주일	151	민사집행법 제109조 제1항, 제268조
매각허부결정의 선고	매각결정기일	151	민사집행법 제109조 제2항, 제126조 제1항, 제268조
차순위매수신고인에 대한 매각결정기일의 지정, 이해관계인에게 통지	최초 대금지급기한 후 3일	184	민사집행법 제109조 제1항, 제137조 제1항
차순위매수신고인에 대한 매각결정기일	최초 대금지급기한 후 2주	194	민사집행법 제109조 제1항, 제137조 제1항, 제268조

매각부동산 관리명령	신청일로부터 2일	363	민사집행법 제136조 제2항, 제268조
대금지급기한의 지정 및 통지	매각허가결정확정일로 부터 3일	154	민사집행법 제142조 제1항, 제268조, 민사집행규칙 제78조, 제194조
대금지급기한	매각허가결정확정일로 부터 1개월	181	민사집행규칙 제78조, 제194조
매각부동산 인도명령	신청일로부터 3일	364	민사집행법 제136조 제1항, 제268조
배당기일의 지정·통지, 계산서 제출의 최고	대금납부 후 시점부터 3일	184	민사집행법 제146조, 제268조, 민사집행규칙 제81조
배당기일, 배당표의 확정 및 배당실시	대금납부 후 시점부터 4주일	209	민사집행법 제146조, 제268조, 제149조 제2항, 제159조
배당표의 작성 및 비치	배당기일 3일 전까지	206	민사집행법 제149조 제1항, 제268조
배당조서의 작성	배당기일로부터 3일	212	민사집행법 제159조 제4항, 제268조
배당액의 공탁 또는 계좌입금	배당기일로부터 10일	219	민사집행법 제160조, 제268조, 민사집행규칙 제82조
매수인 앞으로 소유권이전 등기 등 촉탁	서류제출일로부터 3일	184	민사집행법 제144조, 제268조
기록 인계	배당액 출급, 공탁 또는 계좌입금 완료 후부터 5일	214	부동산경매사건의 진행 기간 등에 관한 예규

주 : 누적 일수는 시작된 일이 완료되기까지 걸리는 일수다. 누적 일수는 최대 추정이다.
출처 : 부동산경매사건의 진행기간 등에 관한 예규(재민 91-5, 재판예규 제968호, 2004.8.24., 개정. 2004.9.1., 시행)

한국자산관리공사의 온비드 공매

경매와 공매의 공통점은 경쟁매각이고 주된 차이는 공정한 경쟁매각을 위해 법원의 주관하에 매각되는지, 한국자산관리공사 또는 신탁업자의 주관하에 매각되는지에 있다. 이외에 차이로 경매는 경매 의사결정에 필요한 경매 정보를 법원경매정보 홈페이지를 통해 수집하고 매각기일 법원을 방문해 경쟁 매매한다. 공매는 한국자산관리공사(캠코)의 온비드[49] 홈페이지 등에서 공매 의사결정에 필요한 정보를 수집하고 온라인으로 경쟁 매매한다. 경매는 기일입찰이고, 공매는 기간입찰이다.

온비드 공매는 전자경쟁매각시스템[50]으로 계약 당사자 간 공인인증서를 기반으로 전자적인 수단을 통한 전자계약이 인정되기 때문에 가능하다.[51] 온비드를 통한 공매 이외에 신탁업자를 통한 공매도 있다. 오프라인으로 신탁업자의 영업장소에서 경쟁매각 또는 입찰서 우편 제출과 보증금 입금 등 각 신탁업자의 지정 조건에 따라 진행한다.

---

49) 온비드라는 이름은 온라인비드(online bidding)의 줄임말
50) 「국유재산법」 제31조, 「공유재산 및 물품관리법 시행령」 제13조 및 제26조, 「물품관리법」 제37조, 「물품관리법 시행령」 제43조, 특허청 특허등록번호 1003963970000, 공매 시스템 및 공매 시스템을 이용해 공매를 진행하는 방법
51) 「전자서명법」 제3조, 「전자거래기본법」 제4조 및 제11조

구분	법원 경매	온비드 공매
관련 법률	민사집행법	국세징수법
경쟁매각의 공정성 보장	법원	한국자산관리공사
경쟁매각장소	담보주택 소재지 법원(오프라인)	온비드 홈페이지(온라인)
임대차	집행관이 조사	매수인이 확인
공유자우선매수	가능	가능
차순위매수신고	있음	없음
입찰보증금	최저매각가격의 10%	희망매수가격의 10%
유찰금액	전차가격의 20~30%	2회차부터 최초매각예정가격의 10%씩 체감해 50%까지 진행. 최초 매각예정가격의 50%에 매각되지 않은 경우 위임법인과 협의 후 새로운 매각가격 결정
경매개시기입등기	경매개시결정 후 기입등기	기입등기 없음
대금납부기한	일시불. 매각결정기일 확정일로부터 1개월.	일시불. 매각결정기일로부터 3천만 원 미만 : 7일 이내, 3천만 원 초과 : 30일 이내.
입찰방법	대부분 방문 기일입찰	인터넷 기간입찰
배당요구종기일	배당요구종기일까지	배분계산서 작성 시까지
잔금미납	배당재산에 포함	국고, 지방자치단체 귀속
명도책임	매수인(인도명령)	매수인(명도소송)
미납 전매수인 자격제한	매수제한	재입찰 가능
낙찰대금 채권상계	상계가능	상계불허
이해관계인 범위	압류채권자와 집행력 있는 정본에 의한 배당요구채권자, 채무자 및 소유자, 등기부에 기입된 부동산 위의 권리자(전세권자, 지상권자, 지역권자, 저당권자), 부동산 위의 권리자로서 그 권리를 증명한 유치권자 및 점유권자	전세권자, 질권자, 저당권자, 담보가등기권자, 체납자, 납세담보물소유자, 등기된 임차권자, 지상권자, 교부청구권자, 압류권자 및 참가압류권자
소유권이전등기 촉탁	낙찰자가 처리(낙찰자 비용부담)	공사등기촉탁서비스(낙찰자는 서류만 준비)

공매 재산의 종류

압류 재산

세무서장, 지방자치단체장이 기한 내 납부되지 않은 세금을 강제 징수하기 위해 체납자 소유의 재산을 압류한 후 캠코에 매각 의뢰된 재산이다.

국유 재산

국가 소유 잡종 재산의 관리와 처분을 기획재정부로부터 캠코가 위임받아 일반인에게 대부 또는 매각하는 재산이다.

유입 재산

부실채권정리기금으로부터 인수한 금융회사 부실채권을 회수하는 과정에서 법원 경매를 통해 캠코 명의로 유입한 재산이다.

수탁 재산

금융회사 및 기업이 소유하고 있는 비업무용 자산으로서 캠코가 수탁을 받아 일반인에게 매각하는 부동산과 양도소득세의 비과세 또는 중과 제외 혜택을 받기 위해 캠코에 매각을 의뢰한 부동산이다.

〈표 25〉 공매 재산의 차이점

구분	유입재산	국유재산	수탁재산	압류재산
소유자	캠코	국가(기획재정부)	금융회사, 공기업	체납자
매각금액 결정기준	캠코 유입가격	감정가격	감정가격	감정가격
명도책임	보통은 매도인	매수인	보통은 매도인	매수인
대금납부 방법 및 기한	일시급 또는 낙찰금액에 따라 최장 5년 기간 내에서 할부로 납부가능	매매계약체결일로부터 60일 이내 (1,000만 원 초과 시 3년이내 분할납부 가능)	금융회사 및 공기업 제시조건 (보증금 10%, 잔금 90%)	매각대금이 3,000만 원 미만인 경우, 7일 이내 대금납부 매각대금이 3,000만 원 이상인 경우, 30일 이내에 대금납부
유찰계약	다음 공매공고 전일까지 가능	2회차 유찰 이후 차기공고까지 가능	보통은 다음 공매공고 전일까지 가능	불가능
계약체결	낙찰 후 5일 이내 계약체결해야 함	낙찰 후 5일 이내	낙찰 후 5일 이내 계약체결해야 함	별도계약 없음 (매각결정에 의함)
매수자 명의 변경	가능	불가(단 계약자 사망 시 상속인으로 가능)	가능(단 위임법인 승인후)	불가능
대금선납시 이자감면	기금채권발행금리에 해당하는 이자액	없음	금융회사 정기예금에 해당하는 이자감면	없음
권리분석	불필요	필요	불필요	매수인(대항력 있는 임차인에 주의)
대금완납 전 점유사용	매매대금의 1/3이상 선납하거나, 기계기구의 수리비가 매매대금의 1/3이상 소요되는 경우로서 매수인이 직접수리 후 사용하고자 하는 경우 가능	불가능	금융회사 승낙조건에 따른 점유사용료를 내거나 납부 보장책을 제시하는 경우 가능	불가능
계약조건 변경	매수인이 원할 경우 최장 5년 연장 가능	불가능	위임회사 협의에 따라 가능	불가능

출처 : 온비드 부가정보 중 정보마당에서 공매전문가정보 중 공매초보탈출. 2017년 11월 21일 방문

배당

경매 배당 절차와 배당순위

채권자 입장에서 경매나 부실채권 투자는 배당을 위한 것이라 해도 과언이 아니다. 경매 사건의 채권자가 다수인 경우가 대부분이기 때문에 채권자 간 이해관계 조정 및 배분을 위해서 공적 신뢰가 필요해 법원이 개입하게 된다. 배당 방법은 채권자의 배당요구서인 채권계산서와 이를 반영해 법원이 작성한 확정 배당표[52]에 의거한다.

채권자의 배당요구는 말(구두)로 하는 것은 인정되지 않고 서면에 채권의 원인과 액수를 적어야 한다.[53] 배당표가 확정되기까지 채권자의 배당요구서는 계속 수정·거부(보정·각하)될 수 있다. 채권자는 법원의 각하 결정에 이의를 제기할 수 있다.[54] 배당표가 확정되어도 이의 제기가 끝나지 않는다. 배당

---

52) 「민사집행법」 제149조
53) 「민사집행규칙」 제48조
54) 「민사집행법」 제16조

기일에 법원에 출석해 확정 배당표에도 이의가 제기될 수 있다.[55] 배당요구 채권자는 매각결정기일에 법원에 출석해 매각허가 이의를 제기할 수도 있다.[56] 매각허가 여부 결정으로 손해를 보면 법원 결정에 승복할 수 없다는 즉시항고를 할 수도 있다.[57] 그래도 불만이면 집행 자체에 이의를 제기할 수도 있다.

이와 같이 배당을 하기 전에 이의 제기가 계속되고 배당을 한 후에도 이의 제기가 계속되는 이유는 자신이 회수하는 채권에 만족하지 못하는 채권자가 존재할 수 있기 때문이다. 법원은 배당표가 확정되기 전까지 배당요구 채권의 내용, 성질, 범위 및 순위를 조사한다. 이를 위해 압류 채권자의 신청서, 배당요구 채권자의 배당요구서, 등기사항전부증명서, 채권자가 제출한 채권신고서 등의 자료를 종합한다. 이와 같은 자료가 경매 절차 초기 단계에서 법원에 제출된다. 이후 사정 변동을 명확히 하기 위해 채권자에게 채권계산서를 제출하게 한다. 배당기일이 정해지면 법원은 계산서 제출을 최고하고[58] 배당기일을 통지한다.[59]

채권계산서에는 배당표에도 들어가는 채권자의 채권 원금, 배당기일까지 이자 및 비용을 적어야 한다.[60] 저당권자가 저

---

55) 「민사집행법」 제151조
56) 「민사집행법」 제120조
57) 「민사집행법」 제129조
58) 「민사집행규칙」 제81조
59) 「민사집행법」 제146조
60) 「민사집행법」 제150조 제1항

당권 실행에 따라 담보주택 경매로 우선 수령할 수 있는 피담보채권의 범위는 원본, 이자, 위약금, 채무불이행으로 인한 손해배상, 저당권 실행비용 및 원본의 이행기일 경과 후 1년분의 지연배상이다.[61] 지연손해금은 1년분까지 우선 배당이고 매각대금으로 배당이 충분하면 1년을 초과하는 금액도 회수 가능하지만 2순위 근저당권자, 전세권자 및 조세채권자 등 후순위 채권자가 존재하는 경우가 대부분이다. 이때 1순위 저당권자의 채권을 우선 변제하고 잔액이 있으면 후순위 채권자에게 배당한 후 다시 잔액이 있으면 1순위 저당권자의 우선 변제 범위를 초과하는 채권을 변제한다. 1순위 저당권자의 채권이라도 우선 변제 범위 내에 있느냐 우선 변제 범위 밖에 있느냐에 따라서 배당순위가 달라진다.

근저당권이 담보하는 채권의 범위는 채권최고액을 한도로 그 결산기에 존재하는 채권액 전부[62]이다. 원본 외에 이자, 손해배상, 위약금 등이 채권최고액에 포함된다. 근저당권 실행 비용 곧 경매 비용은 따로 최우선변제를 받는다.[63] 근저당권 실행 비용은 채권최고액에 포함되지 않지만 근저당권의 채권최고액을 초과하는 부분은 압류 효력이 없어서 우선변제 효력이 없다. 채권최고액을 초과하는 채권은 근저당권 외에 별도로 법원 재판을 통한 권리로써 집행권원이 필요하거나 법원

---

61) 「민법」 제360조
62) 「민법」 제357조
63) 「민사집행법」 제53조

외의 근저당권자 잔존 채권회수가 필요하다.

저당권은 원본, 이자 및 위약금 등이 등기되어야 우선변제를 받을 수 있다.[64] 근저당권은 이자, 손해배상 및 위약금 등이 채권최고액에 포함되기 때문에 이자 등의 약정을 등기하지 않는다.[65]

근저당권자가 경매를 신청하려면 경매 신청 시에 이미 피담보채권액이 확정되어 있거나 경매 신청으로 피담보채권이 확정되어야 한다. 다른 담보권자, 전세권자가 경매 신청을 하거나 다른 채권자가 경매 신청을 하는 경우 피담보채권 확정 시점은 다르다. 근저당권 설정계약에 결산기에 관해 별도의 특약이 없으면 선순위 근저당권자의 피담보채권은 근저당권이 소멸하는 때, 곧 매수인이 매각대금을 완납하는 때에 확정된다. 채권이 매각대금 지급 시까지 발생한 것이면 채권최고액 범위 내에서 배당요구 종기 이후라도 채권계산서 제출로 배당요구 채권액을 확장할 수 있다.[66]

근저당권자가 채권최고액을 초과하는 금액을 청구한 경우라도 근저당권 설정자와 채무자가 동일하면 매각대금 중 채권최고액을 초과하는 금액이 있어도 근저당권 설정자에게 반환되지 않고 근저당권자의 채권최고액을 초과하는 채무의 변제에 충당한다.[67] 근저당권자의 채권최고액은 후순위 담보권자

---

64)「부동산등기법」제75조 제1항
65)「부동산등기법」제75조 제2항
66) 98다21946, 99다26085
67) 92다1896

나 저당 목적부동산의 제3취득자에 대한 우선 변제권의 한도를 의미할 뿐이다. 근저당권자의 채권최고액은 그 최고액 범위 내의 채권에 한정해 변제를 받을 수 있다는 책임 한도를 의미하는 것이 아니다.

부동산담보대출에는 2명 이상의 근저당권자가 존재할 수 있다. 그 경우 1순위 근저당권자, 2순위 근저당권자 하는 식으로 순위가 부여될 수 있다. 경매 배당기일에는 근저당권자 외에 채무자에게 받을 채권이 있는 각종 채권자가 채권회수를 위해 집합하는 시점이다. 배당금 지급이 법원이 아닌 법원 밖의 장소에서 법원의 개입 없이 진행될 경우 어떨까? 배당 조작부터 시작해서 서로 먼저 채권을 회수하겠다고 채권자 간 끝도 없이 싸울 것이다. 주식 배당을 받는 것처럼 보유한 주식 수대로 배당받는 것도 아니고, 그야말로 먼저 배당받는 사람이 장땡이라고 서로 안 싸울까? 경매 배당을 법원이 하는 이유이다. 부모 부양이나 재산 상속에 법원이 필요한 것처럼 경매 배당에도 법원이 필요하다.

법원에서 경매 매각대금을 배당하되 누구는 먼저 받고 누구는 나중에 받는 선순위, 후순위가 정해져야 한다. 일반적으로 경매 매각대금은 모든 채권자가 채권을 회수할 만큼 충분하지 않기 때문에 배당순위가 정해져야 한다. 경매에서 매각기일에 매수신고 시 남보다 가장 높은 금액에 사겠다는 사람을 최고가매수신고인으로, 그다음으로 높은 금액으로 사겠다는 사람을 차순위 매수신고인으로 정한다. 배당에서 배당순위는 채권금액이 가장 큰 사람이라고 해서 배당 1순위가 되지 않는다. 매각대금의 배당은 법원이 민법·상법, 그 밖의 법률에 의한 우선순위에 따라 배당한다.[68]

배당 시점에 법원으로부터 배당을 받으려면 법원에 자기가 채권자라고 알려줘야 한다. 권리 위에 잠자는 자는 보호받지 못한다[69]는 말처럼 자신의 권리를 적극적으로 알려야 보호받을 수 있다. 자신이 채권자라도 법원이 알 수 있게 경매 신청을 하거나 배당 요구를 하거나 등기사항전부증명서에 등기해야 한다.[70] 채권자가 해당 담보 부동산 경매 배당과 상관 있는 채권자가 자신 말고 도대체 누가 있는지 알려고 하면 일단 해당 담보 부동산의 등기사항전부증명서를 읽어야 한다. 자신의 채권을 보호받으려는 채권자는 경매 법원에 집합하기 때문에 매각시점 전에 경매신청서[71], 현황조사서, 매각물건명세서, 감정평가서, 국세 및 지방세 교부청구서[72] 등을 검토해야 한다.

배당기일 전에 다른 채권자 배당에 문제가 있다고 간주되면 법원에 적극적으로 배당이의 신청을 해야 한다. 법원은 가만히 침묵하고 있는 채권자 및 채무자 편이 아니다. 필사적으로 자기 재산을 주장하고 근거를 대는 채권자 및 채무자 편이다.

---

68) 「민사집행법」 제145조 제2항
69) 독일의 법학자 루돌프 폰 예링의 《권리를 위한 투쟁》이라는 저서에 나오는 말
70) 「민사집행법」 제148조
71) 「민사집행법」 제80조, 제81조
72) 「국세징수법」 제56조

배당 사례

    법원은 각종 채권자에게 배당하기 전에 배당표를 작성한다. 배당표에 의거해 배당하며 배당표는 다음과 같다.

〈그림 21〉 1번 배당표

지방법원 　지원
배 당 표

사 건	2016타경	부동산임의경매		
배 당 할 금 액	금		163,609,598	
명세	매 각 대 금	금	163,600,000	
	지연이자 및 절차비용	금	0	
	전경매보증금	금	0	
	매각대금이자	금	9,598	
	항고보증금	금	0	
집 행 비 용	금		2,820,774	
실제배당할 금액	금		160,788,824	

매각부동산	1. 경기도 고양시 덕양구 토당동		
채 권 자	고양시덕양구	제이캐피털	고양시덕양구
채권금액 원 금	64,530	110,000,000	130,980
이 자	0	44,750,411	0
비 용	0	0	0
계	64,530	154,750,411	130,980
배 당 순 위	1	2	3
이 유	교부권자(당해세)	신청채권자(근저당권)	교부권자
채 권 최 고 액	0	165,000,000	0
배 당 액	64,530	154,750,411	130,980
잔 여 액	160,724,294	5,973,883	5,842,903
배 당 비 율	100 %	100 %	100 %
공 탁 번 호 (공 탁 일)	금제 호 (. . .)	금제 호 (. . .)	금제 호 (. . .)

2-1

채 권 자	김.		
채 권 금 액 원 금	5,842,903		
이 자	0		
비 용	0		
계	5,842,903		
배 당 순 위	4		
이 유	채무자겸소유자(잉여금)		
채 권 최 고 액	0		
배 당 액	5,842,903		
잔 여 액	0		
배 당 비 율	100 %		
공 탁 번 호 (공 탁 일)	금제 호 (. . .)		\

2017. 2. 22.

사법보좌관

2-2

지 방 법 원
배 당 표

사 건 2016타경 부동산임의경매

배 당 할 금 액	금	186,964,443		
명 세	매 각 대 금	금	186,390,000		
	지연이자 및 절차비용	금	552,953		
	전경매보증금	금	0		
	매각대금이자	금	21,490		
	항고보증금	금	0		
집 행 비 용	금	3,070,811		
실제배당할 금액	금	183,893,632		

매각부동산	1. 경기도 화성시 진안동		
채 권 자	화성시동부출장소	저축은행	제이캐피탈
채 권 금 액	원 금	386,630	120,000,000	135,000,000
	이 자	0	665,753	40,279,522
	비 용	0	0	0
	계	386,630	120,665,753	175,279,522
배 당 순 위	1	2	3
이 유	교부권자(당해세)	근저당권부질권자	신청채권자(근저당권자)
채 권 최 고 액	0	175,500,000	54,834,247
배 당 액	386,630	120,665,753	54,834,247
잔 여 액	183,507,002	62,841,249	8,007,002
배 당 비 율	100 %	100 %	100 %
공 탁 번 호 (공 탁 일)	금제 호 (. .)	금제 호 (. .)	금제 호 (. .)

3-1

채 권 자		용산세무서	국민건강보험공단용산지사	서울특별시용산구
채권금액	원 금	523,800	7,130,890	1,160,500
	이 자	0	0	0
	비 용	0	0	0
	계	523,800	7,130,890	1,160,500
배 당 순 위		4	5	6
이 유		교부권자(일반조세)	교부권자(공과금)	교부권자
채 권 최 고 액		0	0	0
배 당 액		523,800	7,130,890	13,349
잔 여 액		7,483,202	352,312	338,963
배 당 비 율		100 %	100 %	1.15 %
공 탁 번 호 (공 탁 일)		금제 호 (. .)	금제 호 (. .)	금제 호 (. .)
채 권 자		신한카드주식회사	주식회사우리은행	한국양계축산업협동조합
채권금액	원 금	9,676,199	13,559,908	990,900
	이 자	7,038,016	0	670,664
	비 용	0	0	0
	계	16,714,215	13,559,908	1,661,564
배 당 순 위		6	6	6
이 유		가압류권자	가압류권자	가압류권자
채 권 최 고 액		11,103,115	13,559,908	1,487,939
배 당 액		127,716	155,975	17,115
잔 여 액		211,247	55,272	38,157
배 당 비 율		1.15 %	1.15 %	1.15 %
공 탁 번 호 (공 탁 일)		금제 호 (. .)	금제 호 (. .)	금제 호 (. .)

3-2

채 권 자	한국자산관리공사(양도인:현대캐피탈주식회사)		
채권금액 원 금	2,104,125	0	0
이 자	1,213,078	0	0
비 용	0	0	0
계	3,317,203	0	0
배 당 순 위	6		
이 유	배당요구권자(판결)		
채 권 최 고 액	0	0	0
배 당 액	38,157	0	0
잔 여 액	0	0	0
배 당 비 율	1.15 %		
공 탁 번 호 (공 탁 일)	금제 호 (. . .)	금제 호 (. . .)	금제 호 (. . .)

2017. 2. 17.

사법보좌관

3-3

〈그림 23〉 3번 배당표

지방법원   ·지원
배 당 표

사 건	2016타경|	부동산임의경매

배 당 할 금 액	금	148,899,096
매 각 대 금	금	148,888,000
지연이자 및 절차비용	금	0
전경매보증금	금	0
매각대금이자	금	11,096
항고보증금	금	0
집 행 비 용	금	2,803,697
실제배당할금액	금	146,095,399

매각부동산	별지 기재와 같음		
채 권 자	천안시 서북구	제이캐피탈	
원 금	168,660	120,000,000	0
이 자	0	41,029,655	0
비 용	0	0	0
계	168,660	161,029,655	0
배 당 순 위	1	2	
이 유	교부권자(당해세)	신청채권자(근저당권)	
채 권 최 고 액	0	156,000,000	0
배 당 액	168,660	145,926,739	0
잔 여 액	145,926,739	0	0
배 당 비 율	100 %	93.54 %	
공 탁 번 호 (공 탁 일)	금제 호 (. . .)	금제 호 (. . .)	금제 호 (. . .)

2017. 2. 16.

사법보좌관

1-1

지방법원　　　　지원
배 당 표

사　　　건　　2015타경　　　부동산임의경매

배 당 할 금 액	금	209,605,168		
명세	매 각 대 금	금	209,590,000		
	지연이자 및 절차비용	금	0		
	전경매보증금	금	0		
	매각대금이자	금	15,168		
	항고보증금	금	0		
집 행 비 용	금	3,459,654		
실제배당할 금액	금	206,145,514		

매각부동산　　1. 충청남도 천안시 서북구 두정동

채 권 자		천안시서북구	국민건강보험공단영등포남부지사
채권금액	원　　금	14,000,000	154,510	2,425,450
	이　　자	0	0	0
	비　　용	0	0	0
	계	14,000,000	154,510	2,425,450
배 당 순 위		1	2	3
이　　유		소액임차인	교부권자(당해세)	교부권자
채 권 최 고 액		0	0	0
배 당 액		14,000,000	154,510	2,425,450
잔 여 액		192,145,514	191,991,004	189,565,554
배 당 비 율		100 %	100 %	100 %
공 탁 번 호 (공 탁 일)		금제　　호 (　　. . .)	금제　　호 (　　. . .)	금제　　호 (　　. . .)

2-1

채 권 자		저축은행	제이자산관리	
채 권 금 액	원 금	150,000,000	190,000,000	0
	이 자	267,123	60,881,835	0
	비 용	0	0	0
	계	150,267,123	250,881,835	0
배 당 순 위		4	5	
이 유		근저당권부질권자	신청채권자	
채 권 최 고 액		247,000,000	247,000,000	0
배 당 액		150,267,123	39,298,431	0
잔 여 액		39,298,431	0	0
배 당 비 율		100 %	15.91 %	
공 탁 번 호 (공 탁 일)		금제 호 (. .)	금제 호 (. .)	금제 호 (. .)

2017. 2. 15.

사법보좌관

2-2

지 방 법 원
배 당 표

| 사 건 | 2015타겸 | 부동산임의경매 2016타겸 | (중복) |

배 당 할 금 액	금	158,761,697	
명 세	매 각 대 금	금	158,750,000
	지연이자 및 절차비용	금	0
	전경매보증금	금	0
	매각대금이자	금	11,697
	항고보증금	금	0
집 행 비 용	금	2,601,439	
실제배당할 금액	금	156,160,258	

매 각 부 동 산	별지 기재와 같음		
채 권 자	대전광역시 중구	주식회사 하나은행이 야오█한의 양수인 주식회 수인 제이캐피탈	사스탠다드스타자산관리 대부의 양수인 조█수
채권금액 원 금	454,980	62,511,230	35,548,100
이 자	0	11,762,552	17,452,449
비 용	0	0	0
계	454,980	74,273,782	53,000,549
배 당 순 위	1	2	3
이 유	압류권자(당해세)	신청채권자(근저당권자)	근저당권자
채 권 최 고 액	0	100,800,000	150,000,000
배 당 액	454,980	74,273,782	53,000,549
잔 여 액	155,705,278	81,431,496	28,430,947
배 당 비 율	100 %	100 %	100 %
공 탁 번 호 (공박일)	금제 호 (. . .)	금제 호 (. . .)	금제 호 (. . .)

2-1

채 권 자	대전광역시 중구	대전세무서	국민건강보험공단 대전중부지사
채 권 금 액 — 원 금	180,940	1,458,280	4,001,840
이 자	0	0	0
비 용	0	0	0
계	180,940	1,458,280	4,001,840
배 당 순 위	4	4	5
이 유	압류권자(지방소득세)	압류권자(종합소득세,부가가치세)	교부권자
채 권 최 고 액	0	0	0
배 당 액	180,940	1,458,280	3,249,636
잔 여 액	28,250,007	26,791,727	23,542,091
배 당 비 율	100 %	100 %	81.2 %
공 탁 번 호 (공 탁 일)	금제 호 (. . .)	금제 호 (. . .)	금제 호 (. . .)

채 권 자	대전광역시 중구	신용보증기금	웰드메탈코리아 주식회사
채 권 금 액 — 원 금	11,560	29,829,523	90,914,499
이 자	0	17,778,570	0
비 용	0	0	0
계	11,560	47,608,093	90,914,499
배 당 순 위	5	5	5
이 유	압류권자(주민세)	가압류권자 겸 배당요구권자	근저당권자
채 권 최 고 액	0	33,600,000	80,000,000
배 당 액	9,387	3,056,589	20,476,115
잔 여 액	23,532,704	20,476,115	0
배 당 비 율	81.2 %	9.1 %	25.6 %
공 탁 번 호 (공 탁 일)	금제 호 (. . .)	금제 호 (. . .)	금제 호 (. . .)

2016. 12. 1.

사법보좌관

2-2

배당표를 배당순위에 따라 일괄 정리하면 다음과 같다.

<표 26> 1번부터 5번까지 배당표

배당순위	1번 배당표	2번 배당표	3번 배당표	4번 배당표	5번 배당표
1	교부권자 (당해세)	교부권자 (당해세)	교부권자 (당해세)	소액임차인	압류권자 (당해세)
2	신청채권자 (근저당권자)	근저당권부질권자	신청채권자 (근저당권자)	교부권자 (당해세)	신청채권자 (근저당권자)
3	교부권자	신청채권자 (근저당권자)		교부권자	근저당권자
4	채무자겸소유자 (잉여금)	교부권자 (일반조세)		근저당권 부질권자	압류권자 (지방소득세)
4					압류권자 (종합소득,부가가치)
5		교부권자 (공과금)		신청채권자	교부권자
5					압류권자 (주민세)
5					가압류권자겸 배당요구권자
5					근저당권자
6		교부권자 (서울특별시용산구)			
6		가압류권자 (산한카드주식회사)			
6		가압류권자 (주식회사우리은행)			
6		가압류권자 (양계축산업조합)			
6		배당요구권자 (판결)			

앞의 5개 배당표 중 똑같은 배당표는 없다. 사람의 생김새가 모두 다르고 부동산이 모두 다른 것처럼, 배당표는 모두 다르다. 근저당권자는 채무자가 책임지지 않은 채무를 담보가 책임지게 한다. 또한 채권자가 다수인 경우 선순위 채권자는 다른 채권자보다 우선해 자기 채권을 회수한다. 그런데 도대체 배당표에는 근저당권자보다 우선하는 채권자 왜 이렇게 많은가?

1번 배당표는 교부권자(당해세), 2번 배당표는 교부권자(당해세), 근저당권부질권자, 3번 배당표는 교부권자(당해세), 4번 배당표는 소액임차인, 5번 배당표는 압류권자(당해세가)가 근저당권자보다 우선해 채권을 회수한다. 도대체 얼마나 대단한 채권자라서 근저당권자보다 우선할까? 우선 배당표에서 1순위 채권자가 아니라 아예 0순위 채권자가 있는데 바로 법원이다. 법원이 보는 앞에서 경매를 하게 할 때 법원은 공짜로 해주지 않는다. 법원은 경매를 진행하며 채무자, 각종 채권자 및 잠재 매수인을 상대하면서 경매 시작부터 끝까지 이들 이해관계자와 계속 의사소통한다. 이때 당연히 비용이 발생하며 집행비용이라 부른다. 다만 배당표에 채권자로서 법원이라고 써 있지 않고 집행비용이라고 표시되어 있을 뿐이다.

다음으로 5개 배당표에서 가장 많이 나오는 1순위 채권자가 교부권자(당해세)다. 교부권자(당해세)의 정체가 무엇인지 각 배당표를 보면 고양시 덕양구, 화성시 동부출장소 및 천안시 서북구라고 되어 있다. 교부권자(당해세)의 정체를 보다 상

세하기 알기 위해서 대한민국 법원 법원경매정보 홈페이지를
찾아보았다.

〈그림 26〉 2016타경14615 당사자 내역

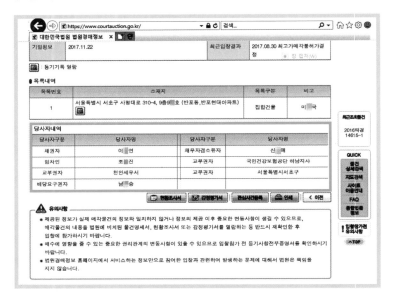

교부권자에 천안세무서, 국민건강보험공단 하남지사 및 서울
특별시 서초구가 있다. 세무서, 구청 및 국민건강보험공단[73]이
다. 법원은 아니지만 넓은 범주에서 이들도 정부다. 정부에서
받을 돈이 있으면 근저당권자보다 우선한다는 의미다.

　당해세는 담보 부동산 경매의 경우 부동산과 상관 있는 세

---

73) 「공공기관의 운영에 관한 법률」 제5조 제3항 제2호 나목. 건강보험사업
　　등을 위탁받은 위탁집행형 준정부기관

금이다. 대표적인 부동산 세금은 부동산이라는 재산이 있다고 국가에 납부해야 하는 재산세가 있다.[74] 채무자가 납부하지 않으면 국가는 채무자로부터 재산인 부동산이 사라지기 전에 받아야 한다. 그러니까 법원이 먼저 집행비용을 회수하고, 다음으로 국가가 담보 부동산과 상관 있는 세금을 회수한다. 그러고 나서 근저당권자가 배당받을 차례인가 보니 또 있다. 소액임차인이 근저당권자보다 우선해 채권을 회수할 수 있다.

4번 배당표를 보면 심지어는 교부권자(당해세)가 배당순위 2순위이고 소액임차인이 1순위 채권자이다. 국가나 근저당권자야 나름 파워가 있어서 배당 우선순위가 있는 채권자이지만, 소액임차인은 명칭부터 별 볼 일 없어 보이는데 왜 1순위일까? 소액임차인과 연관되어 있는 용어가 최우선변제다. 우선변제도 강한 어감인데 그것도 모자라 최우선변제다.

「주택임대차보호법」 제1조에 따르면 소액임차인이 1순위인 이유는 국민 주거생활의 안정 보장이다. 주택임대차에서 임차인은 일정한 대가를 지급하고 건물을 빌려 사용하는 사람이다. 주택담보대출계약은 채권자와 채무자겸 소유자 간의 계약이다. 주택담보대출계약 후 주택임대차계약을 하는 임차인은 주택담보대출계약에 따라 집주인이 채무불이행 시 주택이 경매되어 소유자가 변경될 수 있다는 것을 인지하고 계약했다고 간주된다.

---

74) 「지방세법」 제105조, 제107조

문제는 주택담보대출계약 전에 주택임대차계약을 한 임차인으로, 나중에 집주인이 어떤 채권자와 주택담보대출계약을 체결할지 여부를 모른다. 그 상태에서 집주인이 한 주택담보대출계약 때문에 집주인의 주택이 경매되고 그 주택을 빌려 사용하던 임차인의 주택임대차계약은 아예 무시하고 무조건 나가라 하면 임차인의 재산권이 손상된다. 근저당권자의 재산도 중요하지만, 임차인의 재산도 중요하다는 입장이다. 약자를 배려하는 차원에서 임차인이 배당 1순위다.[75] 「주택임대차보호법 시행령」 제10조 제1항[76]에 따르면 소액임차인에서 소액의 간주 기준은 다음과 같다.

〈표 27〉 소액임차인에서 소액의 기준

지역 구분	소액임차인 간주 기준	소액 간주 기준
서울특별시	1억 원 이하	3,400만 원 이하
서울 제외 과밀억제권역	8,000만 원 이하	2,700만 원 이하
과밀억제권역 제외 광역시, 세종특별자치시, 안산시, 용인시, 김포시 및 광주시	6,000만 원 이하	2,000만 원 이하
기타 지역	5,000만 원 이하	1,700만 원 이하

3번 배당표 1순위 소액임차인이 충남 천안시에 거주하고 회수한 채권 금액이 1,400만 원인 것을 보면 주택임대차계약 보증금이 5,000만 원 이하다. 「주택임대차보호법」 제3조 제1항

---

75) 「주택임대차보호법」 제8조
76) 대통령령 제28053호, 2017.5.19., 일부 개정, 2017.5.30., 시행

에 따르면 소액임차인이 등기 여부와 무관하게 주택의 인도와 전입신고를 해 주민등록을 마쳤다고 법원으로부터 인정을 받아 배당 1순위가 되었다.

근저당권자보다 배당순위가 앞서는 채권자에는 2번 배당표의 근저당권부질권자도 있다. 부동산 등기사항전부증명서에는 저당권등기의 부기등기로 질권이 등기되지만, 근저당권자가 주택담보대출채권을 담보로 대출한 경우 질권자에게 채무자가 된다. 근저당권부질권자가 배당순위에서 근저당권자보다 앞서는 이유다.

이외에 근저당권자가 상대해야 하는 골치 아픈 채권자는 유치권자, 법정지상권 설정자 등이 있을 수 있다. 유치권자와 법정지상권 설정자가 골치 아픈 이유는 근저당권자, 질권자, 임차인처럼 계약서가 존재하지 않기 때문이다. 명시적인 계약이 존재하지 않는다는 것은 보이지 않는 채권자라는 의미다. 영화에서 투명인간이 안 보이는 것처럼 이들 채권자는 안 보인다.

일반적으로 경매해서 매수인이 새로운 소유자가 되면 부동산의 등기사항전부증명서에 있던 근저당권자를 비롯해 각종 채권자는 매각대금을 배당 받고 채권이 회수되었다고 간주되어 사라진다. 담보채권을 비롯한 각종 계약에 의거한 채권이 취소되어 등기사항전부증명서 기록에 취소선이 그어진다. 어떤 부실채권 전문가는 경매를 등기부등본이 깨끗해지는 과정이라고 했다.

〈그림 27〉 경매 매각(9, 10)으로 각종 채권(4, 8, 8-3) 소멸

순위번호	등 기 목 적	접 수	등 기 원 인	권 리 자 및 기 타 사 항
		제7371호	해지	
8	근저당권설정	2013년1월21일 제7373호	2013년1월21일 설정계약	채권최고액 금39,000,000원 채무자 대구광역시 달성군 화원읍 근저당권자 주식회사유니온상호저축은행 대구광역시 중구 전동
8-1	8번근저당권이전	2014년10월8일 제129886호	2014년9월30일 확정채권양도	근저당권자 서울특별시 강남구 강남로
8-2	8번근저당권이전	2014년10월8일 제129887호	2014년9월30일 확정채권양도	근저당권자 한양자산관리 서울특별시 서초구 서초대로
8-3	8번근저당권부질권	2014년10월8일 제129888호	2014년9월30일 설정계약	채권액 금39,000,000원 채무자 한양자산관리 서울특별시 서초구 서초대로 채권자 주식회사대신저축은행 서울특별시 강남구 강남로
9	8-3번질권등기말소	2014년10월10일 제131224호	2014년10월10일 임의경매로 인한 매각	
10	4번근저당권설정, 8번근저당권설정 등기말소	2014년10월10일 제131224호	2014년10월10일 임의경매로 인한 매각	

열람일시 : 2017년02월22일 16시29분56초   8/9

순위번호	등 기 목 적	접 수	등 기 원 인	권 리 자 및 기 타 사 항
2	근저당권설정	2004년11월23일 제59692호	2004년11월23일 설정계약	채권최고액 금50,000,000원 채무자 대구 달성군 화원읍 근저당권자 김○한 대구 북구 구암동
3	2번근저당권설정등기말소	2006년10월17일 제52249호	2006년9월28일 해지	
4	근저당권설정	2006년10월23일 제53443호	2006년10월23일 설정계약	채권최고액 금130,000,000원 채무자 대구 달성군 화원읍 근저당권자 북대구농업협동조합 대구 북구 산격동
5	1번근저당권설정등기말소	2006년10월24일 제53843호	2006년10월24일 해지	
6	근저당권설정	2006년11월30일 제63936호	2006년11월24일 설정계약	채권최고액 금50,000,000원 채무자 대구 달성군 화원읍 근저당권자 김○삼 대구 동구 신서동
7	6번근저당권설정등기말소	2013년1월21일	2013년1월21일	

열람일시 : 2017년02월22일 16시29분56초   7/9

이상에서 논한 일반적인 배당순위를 정리하면 다음과 같다.

〈표 28〉 각종 채권의 배당순위

배당 순위	조세채권자가 근저당권자보다 후순위인 경우	조세채권자가 근저당권자보다 선순위인 경우
제0순위	집행비용	집행비용
제1순위	저당주택 제3 취득자가 주택의 보존·개량을 위해 지출한 비용으로서 필요비·유익비(민법 제367조)	저당주택 제3취득자가 주택의 보존·개량을 위해 지출한 비용으로서 필요비·유익비(민법 제367조)
제2순위	소액임차보증금채권(주택임대차보호법 제8조 제1항, 국세기본법 제35조 제1항 제4호), 최종 3개월분 임금, 퇴직금 및 재해보상금(근로기준법 제38조 제2항, 국세기본법 제35조 제1항 제5호)	소액임차보증금채권(주택임대차보호법 제8조 제1항, 국세기본법 제35조 제1항 제4호), 최종 3개월분 임금, 퇴직금 및 재해보상금(근로기준법 제38조 제2항, 국세기본법 제35조 제1항 제5호)
제3순위	담보주택 부과 국세, 지방세 및 가산금, 곧 당해세(국세기본법 제35조 제1항 제1호)	당해세 포함 조세 등의 징수금
제4순위	국세 및 지방세의 법정기일 전에 설정된 저당권·전세권 담보채권(국세기본법 제35조 제1항 제3호), 확정일자를 갖춘 주택의 임차보증금반환채권(주택임대차보호법 제3조의2 제2항)	납부기한이 저당권·전세권보다 앞서는 건강보험료, 연금보험료 등
제5순위	근로기준법 제37조 제2항 임금 등을 제외한 임금 등 채권(근로기준법 제37조 제1항)	저당권·전세권 담보채권
제6순위	국세, 지방세, 체납처분비 및 가산금 등 징수금(국세기본법 제35조)	임금 등 채권
제7순위	산업재해보상보험료, 국민건강보험료, 연금보험료 및 고용보험료 등	조세 다음 순위의 산업재해보상보험료, 납부기한이 저당권·전세권보다 뒤인 건강보험료, 연금보험료
제8순위	일반채권	일반채권

각종 채권자에게 매각대금이 배당되는 방식에는 크게 안분배당과 흡수배당 2가지가 있다. 안분배당은 채권 금액에 비례

해 매각대금을 배분한다. 흡수배당은 채권 금액 중 안분 받지 못해 부족한 금액을 상대적으로 채권회수 우선권이 밀리는 채권자의 안분금액으로부터 흡수해 배분한다. 곧 안분배당이 먼저 있고 나서 흡수배당이 있게 된다.

매각대금은 각종 채권자의 채권이 100% 회수되기에 충분할 수도 있고 부족할 수도 있다. 일반적으로 별의별 채권자가 채권을 회수하려고 집합하기 때문에 매각대금으로 각종 채권자가 100% 만족할 수 있게 배당되지 못한다. 이 경우 매각대금이 최대한 채권자의 우열을 따져서 안분배당과 흡수배당을 반복해 채권자에게 매각대금을 나눠주게 된다.

〈그림 28〉 1번 배당표의 배당 방식

	A	B	C	D	E	F	G
1							
2		실제 배당할 금액	₩ 160,788,824	채권금액	배당순위	안분배당	안분배당 엑셀수식
3		채권금액 합계	₩ 160,788,824	₩ 64,530	1순위	₩ 64,530	=$C$2*D3/SUM($D$3:$D$6)
4				₩ 154,750,411	2순위	₩ 154,750,411	=$C$2*D4/SUM($D$3:$D$6)
5				₩ 130,980	3순위	₩ 130,980	=$C$2*D5/SUM($D$3:$D$6)
6				₩ 5,842,903	4순위	₩ 5,842,903	=$C$2*D6/SUM($D$3:$D$6)
7				₩ 160,788,824		₩ 160,788,824	

1번 배당표는 실제 배당할 금액과 채권 금액 합계가 같아서 4명의 채권자 모두가 채권금액을 100% 회수할 수 있었다. 물론 채권자가 제출한 채권계산서의 채권 금액과 법원이 작성한 배당표의 채권 금액은 틀릴 수 있다. 채권자가 주장하는 채권 금액 전부를 법원이 항상 인정해주는 것은 아니기 때문이다.

〈그림 29〉 2번 배당표의 배당 방식

			채권금액	배당순위	순위이유	제1차 안분배당	채권금액과 1차안분간 차이	제1차 흡수배당	6순위 1.15%씩 배당
실제 배당할 금액	₩	183,893,632							
채권금액 합계	₩	219,954,710	386,630	1순위	교부권자(당해세)	₩323,243	₩63,387	₩386,630	
			120,665,753	2순위	근저당부질권자	₩100,882,875	₩19,782,878	₩120,665,753	
			54,834,247	3순위	신청채권자(근저당권자)	₩45,844,296	₩8,989,951	₩54,834,296	
			523,800	4순위	교부권자(일반조세)	₩437,924	₩85,876	₩523,800	
			7,130,890	5순위	교부권자(국과금)	₩5,961,797	₩1,169,093	₩7,130,890	
			1,160,500	6순위	교부권자	₩970,239	₩30,091,185	₩183,541,320	₩13,349
			16,714,215	6순위	가압류권자	₩13,973,957			₩127,716
			13,559,908	6순위	가압류권자	₩11,336,792	비흡수배당권자의 배당비율	1.1572659%	₩155,975.6
			1,661,564	6순위	가압류권자	₩1,389,154	비흡수배당권자 합계	₩30,443,497	₩17,115
			3,317,203	6순위	배당요구권자(판결)	₩2,773,355	채권금액과 1차안분간 차이	₩30,091,185	₩38,157
			219,954,710		비흡수배당권자 합계	₩30,443,497	제2차 안분배당 합계	₩352,312	₩352,312

2번 배당표는 10명의 채권자에게 219,954,710원을 배당해야 하는데 실제 배당할 금액은 183,893,632원으로 더욱 작다. 이 경우 1번 배당표처럼 안분배당으로 끝나지 않고 순위가 우선하는 채권자에게 순위가 밀리는 채권자의 배당금이 흡수되는 흡수배당이 있게 된다. 1순위부터 5순위까지 채권자는 제1차 안분배당으로 채권회수하지 못한 금액을 6순위 채권자로부터 흡수배당해 채권을 100% 회수한다.

단도직입적으로 민법은 재산법이고 민법에는 재산(권)으로서 물권이 먼저 나오고[77] 다음으로 채권이 나온다.[78] 부동산 담보대출의 경우 물권은 물건으로서 부동산에 관한 권리이고, 채권은 금전에 관한 권리다. 배당을 받는 채권자를 보다 구분하면 채권자 중에는 물권자도 있고 채권자도 있다. 물권자는 물권과 상관 있고 채권자는 채권과 상관 있다. 경매는 담보 부동산의 매각이기 때문에 금전과 상관있는 채권자보다 주택과

---

77) 「민법」 제185조부터 제372조까지
78) 「민법」 제373조부터 제766조까지

상관있는 물권자가 우선한다.

원칙적으로 물권자 간에는 순위가 존재하지만, 채권자 간에는 순위가 존재하지 않는다. 물권자 간에는 흡수배당이 있을 수 있지만, 채권자 간에는 안분배당을 한다. 물권자로서 근저당권자와 질권자 간에 순위가 존재한다. 근저당권자는 부동산과 직접 상관있는 물권자이고 질권자는 주택보다 주택저당채권과 직접 상관있는 물권자이다. 질권자는 부동산 매각대금과 직접 상관은 없다. 따라서 질권자보다 근저당권자가 배당순위가 앞선다. 그러나 배당표에는 근저당권자보다 근저당권자와 질권설정계약을 한 질권자가 앞서 배당을 받는다. 그것은 근저당권자가 질권자로부터 빌린 질권 대출 채무가 만기되지 않았지만, 질권자가 근저당권자보다 먼저 순위로 배당금을 수령하는 것에 동의한다고 의사표시했기 때문이다. 곧 근저당권자가 기한의 이익을 포기했기 때문에 가능하다.

한편 물권자로서 질권자 간에도 순위가 존재해야 하지만, 담보의 목적이 부동산이 아니라 부동산저당채권과 직접 상관이 있다. 순위는 부동산 매각대금과 상관으로 존재한다. 따라서 담보의 목적이 부동산이 아니라 부동산저당채권인 이상 물권자라도 질권자 간에 순위는 존재하지 않는 것으로 간주된다. 부동산 등기사항전부증명서에도 부동산저당채권의 질권자는 근저당권자 뒤에 붙는 부기등기로 공시된다.

03
부실채권과 부동산 권리

　부실채권과 가장 가까운 권리는 근저당권과 질권이 있다. 다만 수익과 관련한 권리는 경매의 권리분석을 따라야 한다. 양수한 근저당권도 경매의 권리분석에 포함된다. 경매 권리분석에 따르면 부실채권 투자 권리분석이 이루어지기 때문에 굳이 둘을 구분할 필요는 없다.

　경매 권리분석은 응찰가격 산정을 위한 분석에 초점을 맞춘다. 이와 대조적으로 부실채권 투자 권리분석은 자신의 채권을 온전히 회수할 수 있는지에 초점을 맞춘다. 이 책은 성

〈표 29〉 권리의 분류

물권	점유권			
	본권	소유권		
		제한물권	용익물권	지상권
				지역권
				전세권
			담보물권	유치권
				질권
				저당권
채권	금전 채권, 비금전 채권			

공 부실채권에 중점을 두기 때문에 경매 권리분석에 관한 모든 내용을 논할 수 없다. 부실채권과 직접 상관이 있는 권리를 위주로 논한다.

지상권

보통 부동산에서 토지 소유자와 건물 소유자가 대부분 일치한다. 대부분의 사람은 토지와 건물의 소유자가 당연히 일치한다고 간주하지만, 토지와 건물의 소유권이 다른 경우가 종종 있다. 그 배경은 민법에서 부동산이 토지와 정착물로 구성되어 있어 소유권을 구분할 수 있기 때문이다. 이에 따라 나타나는 지상권은 토지 소유자와 건물 소유자가 다르다. 지상권은 땅 위의 권리로, 타인의 토지 위에서 건물을 소유하기 위해 그 토지를 사용할 수 있는 권리다.[79] 지상권과 유사한 권리로 토지임대차계약이 있다. 차이는 지상권은 물권이고, 토지임대차계약은 채권이다. 토지담보대출을 하는 경우 금융회사는 근저당설정과 함께 지상권을 설정한다. 이때 보통 근저당권은 선순위로 지상권은 후순위로 설정한다.

---

79) 「민법」 제279조

법정지상권

지상권 설정계약은 지상권자가 지상권 설정자의 토지를 사용하는 대신 지상권 설정자에게 대가(지료)를 지급하는 계약이다.[80] 이와 같이 토지 소유자와 이용자 간 지상권 설정계약으로 생기는 지상권을 법정지상권과 구분하기 위해 약정지상권이라 부른다.

법정지상권은 법에서 정한 지상권이다. 계약에 의거하지 않지만, 법률에 의거해 당연히 성립하는 토지를 사용하는 권리다. 법정지상권은 건물 소유자를 보호하기 위해서 그 토지를 적법하게 사용·수익할 수 있는 권리다. 법정지상권은 토지 소유자와 이용자 간 지상권 설정계약 없이 일정한 사실관계를 인정받으면 발생한다. 건물 소유를 보호받기 위해서다.

예를 들어 토지와 토지 위의 건물이 동일한 소유자인 경우 토지 위의 건물에만 근저당권 설정계약을 했다가 근저당권 실행 경매로 매수인이 해당 건물의 새로운 소유자가 된 경우이다. 이때 토지 소유자와 건물의 신 소유자 간 지상권 설정계약을 체결하지 않아도 지상권을 설정한 것으로 간주한다.[81] 만약 토지 위 주택에 법정지상권이 존재하고 이후 주택에 근저당권 설정계약을 체결하며 향후 담보주택이 매각되면 매수인이 법정지상권을 인수하며 지상권 설정자에게 지료를 지급해야 한다.[82]

---

80)「부동산 등기법」제69조
81)「민법」제366조
82)「민사집행법」제91조 제4항

부실채권 투자에서 금융회사는 이와 같은 법정지상권 문제로 낙찰가격이 하락하고 심각한 손실에 직면할 수 있다. 이를 방지하기 위해 대출시 지상권 설정계약을 하게 된다. 금융회사는 토지를 사용할 권리가 있는 지상권자로 낙찰가격 하락을 방지한다.

<표 30> 법정지상권의 성립 요건

- 근저당이 설정될 때부터 토지와 건물 소유자는 동일해야 한다.
- 토지에 근저당이 설정된 당시부터 건물이 존재해야 하지만 건물 등기를 필요로 하지 않는다.
- 근저당설정은 토지와 건물 모두 또는 한 곳에 설정되어야 한다.
- 경매로 토지와 건물의 소유자가 분리되어야 한다.

〈그림 30〉지상권 설정계약서의 예

[서식 예] 지상권설정계약서

수 입
인 지

지 상 권 설 정 계 약 서

> * 굵은 선 □ 으로 표시된 란 (제3조 및 계약서 끝부분)은 지상권설정자가
> 반드시 자필로 기재하시기 바랍니다.

년 월 일

채권자겸
지상권자 : ⑩
_____

주 소 :

채 무 자 : ⑩
_____

주 소 :

지상권설정자 : ⑩
_____

주 소 :

위 당사자 사이에 아래와 같이 지상권설정계약을 맺는다.

제1조(지상권의 설정) 지상권설정자(이하 "설정자"라 한다)는 그의 소유인 이
계약서 끝부분 토지목록란에 기재된 토지 위에, 지상권자가 건물 기타 공작물이
나 수목을 소유하기 위하여 그 토지를 사용할 수 있도록 지상권을 설정한다.

제2조(지료) 지료는 없는 것으로 한다.

제3조(존속기간) 지상권의 존속기간은 설정등기일부터 ○년으로 한다.

제4조(토지의 보존 등) ① 설정자는 사전에 지상권자의 서면 승낙없이 지상권의 목적인 토지에 공작물구축 기타 그 현상을 변경하는 행위를 아니한다.

② 설정자는 지상권의 목적인 토지에 멸실·훼손·공용징수 기타 사유로 말미암아 이상이 생길 염려가 있을 때에는 곧 지상권자에게 통지하며, 그 처리에 관하여는 지상권자의 지시에 따르기로 한다.

제5조(제 절차 이행과 비용 부담) 설정자는 지상권자의 청구가 있는 대로 이 계약에 의한 지상권의 설정·변경·경정·이전·말소 등에 관한 등기 기타 필요한 절차를 지체없이 밟겠으며, 이에 드는 모든 비용은 채무자와 연대하여 부담한다.

제6조(관할법원 합의) 이 계약에 관하여 소송의 필요가 생긴 때에는 법이 정하는 관할법원과 아울러 지상권자의 소재지 지방법원을 관할법원으로 한다.

토지목록

※ 설정자는 다음 사항을 읽고 본인의 의사를 사실에 근거하여 자필로 기재하여 주십시오

(기재 예시 : 수령함).

이 계약서 사본을 확실히 수령하였습니까?	

이 계약서에 따라 등기되었음을 확인하고 등기권리증을 수령함.
년   월   일   지상권설정자   ㊞

유치권

경매로 각종 채권자를 의미하는 근저당권, 담보가등기, 가압류등기, 배당요구종기까지 배당 요구한 보증금이 전액 변제되는 대항력 있는 주택임차권은 등기사항전부증명서에서 모두 사라져 소멸한다. 부동산담보대출을 실행한 근저당권자는 말소기준 권리자로서 이후 후순위 권리는 모두 사라진다. 그러나 유치권과 법정지상권은 명시적인 계약을 하지 않았기 때문에 계약서도 없고 등기사항전부증명서에도 나타나지 않는 보이지 않는 권리다. 허위 유치권이 아니라면 채권은 존재하고 말소기준권리와 관계없이 소멸하지도 않는 권리다.

부동산 경매에서 유치권은 부동산을 점유하면서 채권을 회수할 때까지 부동산의 인도를 거절할 수 있는 권리다.[83] 예를 들어 주택담보대출에서 채무자 겸 소유자가 인테리어업자를 불러서 주택을 리모델링해놓고 대금을 지불하지 않았을 경우, 인테리어업자는 수리에 투입된 재화 및 용역의 대가(채권)를 받을 때까지 주택을 점유하면서 주택 인도를 소유자에게 거절할 수 있다. 주택이 경매되면 인테리어업자는 필요비 및 유익비를 누구한테 받아야 하는가? 경매로 부동산을 매수한 매수인 입장에서는 자신이 하지도 않은 공사 비용을 부담해야 할 우려가 있다.

---

83) 「민법」 제320조~제328조, 「상법」 제58조

유치권은 매각으로 소멸되지 않고 경매 매수인은 유치권자에게 그 담보채권을 변제할 책임이 있다.[84] 매각되기 전에 생각지 못한 유치권자의 채권자 신고로 저가낙찰의 우려가 있다. 이에 따라 1순위 근저당권자의 채권회수가 현저하게 저하될 위험이 있다. 이때 근저당권자는 저가낙찰 방지를 위해 매각되기 전에 경매 진행을 중지시켜야 한다. 법원의 경매 진행을 중지시키기 위해서는 유치권자가 가짜인지 여부를 가려달라는 유치권 부존재 확인소송을 해야 한다. 경매사건의 상당수는 허위 유치권이기 때문에 부실채권 투자자는 유치권 진위 여부를 판단할 수 있는 나름의 내공을 갖추어야 한다. 이때 확인해야 할 것은 유치권 성립 여부다. 가장 유치권자의 허술한 부분을 파악해 소 제기 등 적절한 준비를 한다.

유치권이 성립하기 위해서는 해당 부동산 채권에 변제기가 있어야 한다. 변제기 이전에 유치권이 성립되면 채무이행을 강제해 버리는 결과가 된다. 유치권 소송에서 변제기에 대해 쟁점의 대상이 된다.

유치권은 변제를 받을 때까지 담보 물건을 유치할 권리가 있다. 부동산의 유치는 점유를 의미하고 존속 요건으로 작용한다. 그러나 일부 유치권의 경우 유치권을 신고했지만, 점유 행위는 하지 않고 있는 경우가 있다. 이때는 점유 상태가 아니라는 증거를 확보하고 소를 제기해 유리한 결과를 얻을 수

---

84) 「민사집행법」 제91조 제5항

있다. 예를 들면, 유치 부동산을 임대해 자신이 임대수익을 획득하는 경우다. 실질적 점유 상태인지 여부를 탐문 조사한다.

이외에 부동산 경매에서 자주 발생하는 사례로 소유자 겸 채무자가 유치권자와 통정하는 경우다. 경매개시결정 이후 점유를 이전받아 점유하고 새로운 경매 매수인에게 유치권을 주장한다. 판례에 따르면 경매개시결정에 따른 처분금지 효력에 위반하는 압류 목적물의 교환가치를 감소시킬 수 있는 처분 행위이기 때문에 유치권을 성립하지 않는다.

부실채권과
개발사업

01
도시정비사업

한국의 급속한 산업화 이후 먹고 살 만해지자 정부는 주거 복지를 위한 주택 공급에 역점을 두게 된다. 이후 부동산 가격 폭등이 사회 문제화되자 부동산 정책은 주택과 관련된 정책이 주가 되었다. 주택 정책은 「택지개발촉진법」에 따른 신도시 개발과 「도시 및 주거환경정비법」에 따른 재개발 및 재건축 정책이 근간을 이루었다. 제19대 문재인 대통령 정권의 부동산 규제 정책도 역대 정권과 마찬가지로 부동산 가격 폭등을 잡고자 강남 재건축을 원인으로 보고 규제 정책을 발표했다.

이와 같은 부동산 개발과 규제는 부실채권도 영향을 받는다. 개발이 일어나는 지역에서 부실채권 투자의 경우 낙찰가격이 상승해 수익률이 높아진다. 부실채권 투자만 하기 때문에 부동산 개발이 별다른 연관이 없다고 생각하면 편협한 사고이다. 부동산 가치를 결정 짓는 개발사업에 대해 인지하고 있어야 한다.

한국에서 발생하는 개발사업의 수는 200여 종류에 달한다. 아무리 내공 있는 부동산 전문가도 모두 파악할 수 없다. 부실채권 투자를 위해 그 모든 개발사업에 대해 파악할 필요는 없다. 주변에서 자주 접할 수 있는 도시지역 개발사업에 보다 많은 관심을 가져야 한다.

도시정비사업과 부실채권

도시정비사업은 「도시 및 주거환경정비법」에 의한 구도심의 도시 기능을 회복하기 위해 통상 정비기반시설이 열악하고 노후·불량건축물이 밀집한 지역에서 주거환경을 개선하기 위해 시행하는 사업이다. 보편적으로 단독주택이나 빌라가 밀집한 지역을 개발하는 것을 재개발, 저층 아파트를 헐고 고층 아파트를 건축하면 재건축으로 간주한다. 그러나 단독주택 지역도 재건축하는 경우가 있기 때문에 일반적인 인식이 반드시 바르다고 할 수 없다.

도시정비사업은 재개발이나 재건축사업만 시행되지 않고 주거환경개선사업, 가로주택정비사업 등 다양한 정비사업이 이루어지고 있다. 보통 구도심의 개발사업이 재개발사업이나 재건축사업보다 비율이 높다. 이와 같은 정비사업의 시행은 부동산 가치에 많은 영향을 미치기 때문에 부실채권 투자 시 개발사업에 대해 이해하고 있어야 한다. 부실채권 투자자는 아파트 등 주택 관련 부실채권 양수에 관심이 많다. 반면 개발사업에 대한 파악은 게을리하는 경향이 있는데, 개선되어야 한다.

 일반적으로 토지는 시간이 경과해도 가치가 감소하는 것이 아니라 골동품처럼 시간이 경과할수록 가치가 증가하는 면이 있다. 주택 등 건축물은 시간이 경과할수록 노후화되어 가치가 감소하는 감가상각이 발생한다. 도로, 상하수도, 공원, 공용 주차장, 열 공급시설 및 가스 공급시설 등 정비기반시설은 시간이 경과할수록 노후되거나 불량해진다.

 노후화된 지역은 시간이 경과할수록 가치가 감소하다가 재개발·재건축 등 정비 타이밍이라고 간주되는 경우 가치가 반등하기 시작한다. 눈치 빠른 투자자는 정비구역 옆의 주택이라도 매매한다. 어떤 타이밍에 어떤 지역이 수익성 있는 지역으로 전환되는지 계속 관심을 가지는 사람이 최후의 승자가 된다. 이와 같은 관점으로 주택 관련 투자에 접근하면 주택은 잠시도 눈을 뗄 수 없고 언제 수익성 있는 물건으로 전환될지 알 수 없는 두근두근한 투자 대상으로 변신한다.

도시정비사업의 종류

재개발사업

 주택 재개발은 과거 구「도시재개발법」에 의해 시행되던 도시재개발사업이 2003년 제정된 「도시 및 주거환경정비법」으로 통합되면서 정비사업으로 통칭하게 되었다. 정비기반시설이 열악하고 노후·불량 건축물이 밀집한 지역에서 주거환경을 개선하기 위해 시행하는 사업이다.

재건축사업

재건축사업은 과거 「주택건설촉진법」에 근거해 시행해 왔고 재개발과 함께 2003년 「도시 및 주거환경정비법」으로 통합되었다. 정비사업 중 정비기반시설은 양호하지만 노후·불량 건축물이 밀집한 지역에서 주거환경을 개선하기 위해 시행하는 사업이다. 필자가 경험한 다수 부실채권 투자가 재건축사업 지역 내에 있다.

〈표 31〉 주택재건축사업 시행을 위한 정비구역 지정 요건

대분류	중분류
기존 공동주택을 재건축하고자 하는 경우	· 건축물 일부가 멸실되어 붕괴 그 밖의 안전 사고 우려가 있는 지역 · 재해 등이 발생한 경우 위해의 우려가 있어 신속하게 정비사업을 추진할 필요가 있는 지역 · 노후·불량 건축물로서 기존 세대수 또는 재건축사업 후 예정 세대수가 300세대 이상이거나 그 부지 면적이 1만 ㎡ 이상인 지역 · 3 이상의 공동주택 단지가 밀집되어 있는 지역으로서, 「도시 및 주거환경정비법」에 의한 안전 진단 실시 결과 2/3 이상의 주택 및 주택단지가 재건축 판정을 받은 지역
기존 단독주택을 재건축하고자 하는 경우 (보통 단독주택 200호 이상 또는 그 부지면적이 1만 ㎡ 이상인 지역)	· 지역 주변에 도로 등 정비기반시설이 충분히 갖추어져 지역을 개발하더라도 인근 지역에 정비기반시설을 추가로 설치할 필요가 없는 지역 · 노후·불량 건축물이 지역 안에 있는 건축물 수의 2/3 이상이거나 노후·불량 건축물이 지역 안에 있는 건축물의 1/2 이상으로서, 준공 후 15년 이상 경과한 다세대 주택 및 다가구 주택이 지역 안에 있는 건축물 수의 3/10 이상인 지역

<표 32> 재건축사업 절차

① 도시주거환경정비기본계획 수립
② 정비계획 수립 및 정비구역 지정
③ 조합설립추진위원회 구성 및 승인
④ 조합설립 인가
⑤ 시행자 지정
⑥ 사업시행 인가
⑦ 분양 신청 및 관리처분계획 인가
⑧ 착공 및 일반분양
⑨ 준공 인가 및 사업 완료

주택재건축사업을 시행하기 위한 정비계획 수립 및 정비구역 지정 절차는 재개발사업과 같다. 정비구역으로 지정된 경우 지구단위계획구역으로 지정된 것으로 간주한다. 주택재건축은 정비구역으로 지정되지 않아도 사업 시행이 가능하다. 사업의 부작용을 방지하기 위해 시장·군수 구청장이 안전 진단 결과와 도시계획 및 지역 여건 등을 종합적으로 검토해 사업의 시행 여부를 결정한다.

주택재건축사업은 조합이 시행하거나 조합이 조합원 과반수의 동의를 얻어 시장·군수 또는 주택공사 등과 공동으로 시행할 수 있다. 주택재건축사업의 추진위원회가 조합을 설립하고자 하는 경우 주택단지 안의 공동주택의 각 동별 구분소유자 및 의결권의 2/3 이상 동의와 주택단지 전체 구분소유자 및 의결권의 3/4 이상 동의를 얻어야 한다. 더불어 정관 및 규정된 서류를 첨부해 시장·군수의 인가를 받아야 한다. 주택재건축사업조합은 사업시행 인가를 받은 다음 경쟁입찰 방식을 통해 건설업자 또는 등록 사업자를 시공자로 선정해야 한다.

과밀억제권역에서 주택재건축사업을 시행하는 경우 사업시행자는 세입자의 주거안정과 개발이익 조정을 위해 주택재건축사업으로 증가되는 용적률 중 25/100 비율 이상에 해당하는 면적을 임대주택으로 공급해야 한다. 건축 관계 법률에 의한 건축물 층수 제한 등 건축 제한으로 용적률 완화가 사실상 불가능한 경우 「도시 및 주거환경정비법」에 따라 임대주택 공급 비율을 따로 정할 수 있다. 용적률의 상승폭, 기존 주택의 세대수, 그 밖의 사업 내용이 「도시 및 주거환경정비법 시행령」에서 규정하는 기준 이하인 경우 임대주택을 공급하지 않을 수 있다.

「재건축초과이익 환수에 관한 법률」에 의해 정상 주택가격 상승분을 초과해 재건축조합 또는 조합원에 귀속되는 주택 금액 증가분의 경우 재건축부담금을 징수한다. 징수한 재건축부담금은 각기 국민주택기금에 50/100, 특별시·광역시·도·제주특별자치도에 20/100, 시·군·구에 30/100이 귀속된다.

재건축임대주택은 재건축임대주택 건설에 투입되는 건축비를 기준으로 법률에 규정된 가격으로 공급해야 한다. 사업시행자는 사업시행 인가를 신청하기 전에 미리 재건축임대주택의 규모 등 재건축임대주택에 관한 사항을 인수자와 협의해 사업시행계획서에 반영해야 한다. 사업시행자는 주택재건축사업을 시행하면서 조합 설립을 동의하지 않은 사람의 토지 및 건축물에 대해 「집합건물의 소유 및 관리에 관한 법률」 규정을 준용해 매도 청구할 수 있다.

주거환경개선사업

주거환경개선사업은 구「도시 저소득주민의 주거환경개선을 위한 임시조치법」에 의해 추진되고 재개발·재건축사업과 함께 2003년 「도시 및 주거환경정비법」으로 통합되었다. 도시 저소득주민이 집단으로 거주하는 지역으로서 정비기반시설이 극히 열악하고 노후·불량 건축물이 과도하게 밀집한 지역에서 주거환경을 개선하기 위해 시행하는 사업이다. 주거환경개선사업은 주거환경개선사업 구역 지정고시일 토지 등 소유자의 2/3 이상 동의와 세입자 세대수 과반수의 동의를 얻어야 한다. 시장·군수가 직접 시행하거나 주택공사 등 공공시행자가 시행한다.

〈표 33〉 주거환경개선사업의 시행 방식

구분	내용
자가개량 방식	사업 시행자가 주거환경개선사업 구역 안에서 정비기반시설을 새로 설치하거나 확대하고 토지 등 소유자가 스스로 주택을 개량하는 방법
전면수용 방식	사업 시행자가 주거환경개선사업 구역의 전부 또는 일부를 수용하고 아파트 등 주택을 건설한 후 토지 등 소유자에게 우선 공급하는 방법
환지 방식	사업 시행자가 규정에 따라 환지로 공급하는 방법

도시환경정비사업

도시환경정비사업은 구「도시재개발법」에 의해 시행되던 도심 재개발사업과 공장 재개발사업을 통한한 개념의 사업이다. 노후·불량 건축물을 대상으로 하는 점은 주택재개발·재건축사업과 같다. 차이는 대상 지역이 상업지역과 공업지역 위주라는 점, 사업 목적이 도심기능 회복과 상권 활성화를 위한 도시환경 개선이다.

가로주택정비사업

가로주택정비사업은 일명 미니 재건축이라고도 부른다. 노후·불량 건축물이 밀집한 가로 구역에서 종전 가로를 유지하면서 주거환경을 개선하기 위해 시행하는 소규모 정비사업이다. 가로주택정비사업은 도시재생 활성화의 기폭제로 주목을 받는다. 「빈집 및 소규모주택 정비에 관한 특례법」에 따라 소규모 주택정비사업이 확대되고 있다. 소규모 주택정비사업은 자율주택정비사업, 가로주택정비사업 및 소규모 재건축사업으로 구분하고 있다. 도시재생은 문재인 대통령 정권의 부동산 정책의 기본이 되기 때문에, 부동산 및 부실채권 투자자가 각별한 관심을 기울일 필요가 있다.

주거환경관리사업

단독주택 및 다세대주택 등이 밀집한 지역에서 정비기반시설과 공동이용시설 확충을 통해 주거환경을 보전·정비·개량하기 위해 시행하는 사업이다. [85]

---

85) 서울특별시 도시계획국, 2015 알기 쉬운 도시계획 용어집, 2015, pp. 10, 115, 226, 228, 229, 231~233

02
도시개발사업

　부동산에 지식이 많지 않으면 도시정비사업과 도시개발사업에 대해 명확하게 구분이 어려워 재개발이라는 용어로 통칭해서 부르게 된다. 부동산에 투자하는 투자자의 공법 소양은 투자 수익과 연결된다. 모든 개발사업은 최종 목적지가 정해져 있고 그 목적지는 재개발사업인지 도시개발사업인지 등으로 정해진다. 통칭해서 재개발로만 알고 투자하면 마치 목적지를 모르고 무조건 고속버스를 타는 것과 같다. 부실채권 성공 투자로 가고자 하면 도시개발사업에 대한 이해를 갖추어야 한다.

　도시개발사업과 재개발 등 도시정비사업의 차이는 무엇인가? 단적으로 말하자면, 도시정비사업은 헌 집 줄게 새집 다오이고, 도시개발사업은 '헌 땅 줄게 새 땅 다오'다. 도시정비사업이 일어나는 지역은 이미 개발이 오래전에 있었던 지역이다. 도시개발사업은 도시를 만들고자 하는 지역에서 이루어지는 사업이다.

　도시를 만드는 개발사업은 「택지개발촉진법」에 의해 이루어졌고, 지난 박근혜 대통령 정부에서 「택지개발촉진법」 폐지 예정이었다. 그러나 일부 지방자치단체의 반대로 법률은 존속하되 「택지개발촉진법」에 의한 개발은 보류되었다.

토지의 지목별 측면에서 보면 재개발 등 정비사업의 지목은 대지다. 도시개발사업의 지목은 전·답·임야 등 대상 지역 토지를 대지로 바꾸는 사업이다. 부실채권 투자의 시작은 담보대출로 출발한다. 그러나 아파트 등 주거용 건물뿐 아니라 전·답 등 토지도 그 대상이 된다. 예를 들어 담보토지가 도시개발사업지구로 지정되면 개발 기대감으로 낙찰가격이 올라간다. 이와 같은 지역의 부실채권 투자는 성공확률이 높다.

도시개발사업의 정의

「국토의 계획 및 이용에 관한 법률」에 따르면 도시개발사업은 도시계획시설사업, 정비사업과 함께 도시계획사업 중 하나다. 도시개발사업은 도시개발구역 내에서 주거·상업·산업·유통·정보통신·생태·문화·보건·복지 등 기능이 있는 새로운 단지 또는 신시가지를 조성하기 위해 시행하는 사업이다. 도시개발사업은 「도시개발법」에 근거한다.

도시개발구역의 지정

도시개발구역은 특별시장·광역시장·도지사·특별자치도지사·자치구가 아닌 구가 설치된 시의 시장이 지정한다. 도시개발구역의 면적이 1,000,000㎡ 이상인 경우 국토해양부 장관의 승인을 받아야 한다. 또한, 규정에 의해 필요한 경우 국토해양부 장관이 직접 지정할 수도 있다.

〈표 34〉 도시개발구역의 지정 가능 대상 지역 및 규모 기준

지역	규모 기준
주거지역 및 상업지역	10,000㎡ 이상
공업지역	30,000㎡ 이상
자연녹지지역	10,000㎡ 이상
생산녹지지역	10,000㎡ 이상(생산녹지지역이 도시개발구역 지정 면적의 30/100 이하인 경우만), 도시지역 외 지역은 300,000㎡ 이상(공동주택 중 아파트 또는 연립주택의 건설계획이 포함되는 경우 「도시개발법 시행령」 제2조 제3항 각호 요건을 모두 갖춘 경우 200,000㎡ 이상)

도시개발사업 방식

수용 방식
토지 수용 방식은 공익사업을 시행하는 경우 사업의 효율적인 수행과 공공복리 증진을 위해 개인 재산에 대한 소유권 등 권리를 국가나 지방자치단체 또는 공공단체에서 취득하는 것

이다. 소유권 등 권리는 토지, 물건 및 권리 취득 또는 사용을 말하며 다음과 같다.

〈표 35〉 수용 방식에서 소유권 등 권리의 구분

- 토지 및 이에 관한 소유권과 그 외 권리
- 토지와 함께 공익사업을 위해 필요한 입목, 건물, 기타 토지에 정착한 물건 및 이에 관한 소유권과 그 외 권리
- 광업권·어업권 또는 물의 사용에 관한 권리
- 토지에 속한 흙·돌·모래 또는 자갈에 관한 권리

〈표 36〉「공익사업을 위한 토지 등의 취득 및 보상에 관한 법률」에 규정된 토지를 수용하는 경우

- 국방·군사에 관한 사업
- 관계 법률에 의해 허가·인가·승인·지정 등을 받아 공익을 목적으로 시행하는 철도·도로·공항·항만·주차장·공영차고지·화물터미널·삭도·궤도·하천·제방·댐·운하·수도·하수도·하수종말처리·폐수처리·사방·방풍·방화·방조·방수·저수지·용배수로·석유비축 및 송유·폐기물처리·전기·전기통신·방송·가스·기상관측에 관한 사업
- 국가 또는 지방자치단체가 설치하는 청사·공장·연구소·시험소·보건 또는 문화시설·공원·수목원·광장·운동장·시장·묘지·화장장·도축장 그 밖의 공공용 시설에 관한 사업
- 관계 법률에 의해 허가·인가·승인·지정 등을 받아 공익을 목적으로 시행하는 학교·도서관·박물관 및 미술관 건립에 관한 사업
- 국가·지방자치단체·정부 투자 기관·지방공기업 또는 국가나 지방자치단체가 지정한 자가 임대나 양도 목적으로 시행하는 주택 건설 또는 택지 조성에 관한 사업

- 앞의 사업을 시행하기 위해 필요한 통로·교량·전선로·재료적치장 그 밖의 부속시설에 관한 사업
- 앞의 사업을 시행하기 위해 필요한 주택, 공장 등 이주단지 조성에 관한 사업
- 그 밖에 다른 법률에 의해 토지 등을 수용 또는 사용할 수 있는 사업

환지 방식

환지는 대상 토지의 위치, 지목, 면적, 이용도, 기타 여러 사항을 고려해 사업 시행 후 소유주에게 재배분하는 토지다. 환지 방식 개발의 경우 대지로서 효용 증진과 공공시설의 정비를 위해 토지의 교환·분합, 그 밖의 구획 변경, 지목 또는 형질의 변경이나 공공시설의 설치·변경이 필요한 경우이거나 도시개발사업을 시행하는 지역의 지가가 인근의 다른 지역에 비해 현저히 높아 수용 또는 사용 방식으로 시행하는 것이 어려운 경우에 적용된다. 토지 면적의 2/3 이상에 해당하는 토지 소유자와 그 지역 토지 소유자 총수 1/2 이상의 동의를 받아야 한다.

개발사업과 개발계획

부동산은 동산과 달리 소유 표시를 등기를 통해 하게 되는데 거래 안전을 위해서다. 동산은 점유를 통해 자신의 소유권을 주장하지만, 부동산은 점유해도 소유권을 인정할 수 없다. 국가가 관리하는 등기를 통해 소유권이 인정된다. 국가가 관리하는 부동산 관련 문서를 부동산 공부(공적 장부)라 부르는데 다양한 부동산 공부가 존재한다.

부동산 등기는 개인의 입장에서 소유권 등 권리를 표시하기 위해 사용된다. 국가는 세금 부과 등 목적을 위해 필요하다. 부동산 공부는 국가계획 등을 알려주는 목적과 관리 목적이 있다. 부동산 공부는 누구나 열람할 수 있게 공개하고 있다. 부동산 투자자는 관련 공부의 종류와 용도, 이를 활용한 각종 정보를 확인해 투자 판단 자료로 이용하는 능력을 갖추어야 한다.

상당수 부동산 투자자는 부동산 장부 중 등기사항전부증명서를 확인할 뿐, 다른 부동산 공부 확인은 게을리한다. 심지어 부동산을 소유하고 있으면서 필요한 등기부등본을 어디에서 어떻게 발급받는지 알지 못하는 경우가 있다. 주민등록등본은 인근 주민센터에서 발급받을 수 있고, 민원24 인터넷 홈페이지에서 발급받을 수 있다. 마찬가지로 부동산의 관련 등기부 등본 발급도 생활 상식으로 알아두어야 한다.

토지이용계획 확인

토지는 삶의 터전이고 후손에 물려주어야 하는 자산이다. 개발과 환경을 바탕으로 개발할 의무가 있기 때문에 무질서한 개발을 방지하고 체계적으로 관리해야 한다. 국가는 이를 위해 개인의 토지라도 규제하고 이와 같은 규제에 관한 내용을 담고 있는 공적 장부가 토지이용계획이다.

부동산 투자자는 부동산을 매매, 투자하기 전, 대상 부동산의 현재가치와 미래가치를 알고 싶어 한다. 현재가치는 해당 부동산의 제한사항에 따라 결정되고, 미래가치는 국가 및 지방자치단체의 각종 개발계획에 영향을 받게 된다. 투자에 따라 현재 제한사항과 개발계획이 나타나 있는 공부가 토지이용계획이다. 여기에는 장래 공간 구성을 위한 보전계획, 난개발 방지를 위한 규제와 실행수단이 제시되어 있다. 또한 필지별 지역, 지구 등 지정내용과 행위제한 내용이 기재된다.

부실채권 투자 대부분이 토지가 아닌 아파트 등 주택이 다수를 차지하고 있다. 부실채권 투자자는 토지담보 부실채권에 별 관심이 없어 토지이용계획을 대충 검토하는 경향이 있다. 토지이용계획은 도시기본계획 및 도시관리계획 등 공법이 기초가 되기 때문에 용어가 복잡해 검토조차 하지 않는 경우가 많다. 그러나 아파트 등 주택도 토지 위에 존재하고 건물의 종류를 규제하는 것이 토지이용계획이기 때문에 포괄적인 내용이라도 인지하고 있어야 한다.

토지이용계획 확인 구성

토지이용계획은 지목, 면적, 개별공시지가와 「국토의 계획 및 이용에 관한 법률」상 지역·지구 등 지정 여부 및 다른 법령에 따른 지역·지구, 확인 도면 등을 인지할 수 있다. 곧 해당 부동산의 예정된 개발사업을 파악할 수 있다. 또한, 축적을 변경하거나 도면을 확대해 볼 수 있다. 인쇄도 가능하고 모두 무료로 제공된다.

그러나 이와 같은 편리성 및 정보에 비해 공법 체계에 대한 이해뿐 아니라 지방자치단체 조례 등으로 제한을 받고 있다. 부동산 전문가조차 모두 파악하고 이해하지 못한다. 부실채권 투자자도 모두 이해할 필요 없다. 큰 줄기만 알고 있다가 필요 시 인터넷을 통해 확인하면 된다.

토지이용계획의 열람

토지이용계획의 열람 방법은 대단히 간단하다. 네이버 등 인터넷 검색창에 '토지이용계획확인 열람'이나 '토지이용규제서비스'를 직접 검색해 홈페이지에 접속한다.[86] 이후 해당

---

[86] 토지이용규제정보서비스(http://luris.molit.go.kr/web/index.jsp). 2017년 11월 22일 방문

부동산의 주소나 도로명, 지도 찾기에 입력해 열람 단추를 클릭하면 해당 토지의 이용계획을 열람할 수 있다.

　토지이용규제정보서비스는 행위제한정보와 함께 고시정보를 제공한다. 이용 방법은 고시제목, 지역, 고시일 및 고시기관을 선택·입력하고 검색한다. 열람 결과는 고시문을 확인할 수 있다. 첨부 파일을 선택하면 고시 관련 파일을 다운받을 수 있고 상세 내용 및 지형 도면을 확인할 수 있다.

부실채권
성공 사례

01

성공 투자를 위한 제언

　지난 몇 년간 과열을 넘어 녹아내릴 지경이 될 정도였던 부실채권 투자 열기는 2016년 「대부업 등의 등록 및 금융이용자 보호에 관한 법률」(이하, 대부업법) 개정으로 숨 고르기에 들어갔다. 법 개정 이후 부실채권을 거래하기 위해서는 금융위원회에 자본금 3억 원 이상 대부업자 등록이 필요하다. 채권 매입 범위는 자본금의 10배 이내로 한정하고 있다. 그러나 부실채권 대부법인 등록은 별다른 자격이나 실적을 요구하지 않는다. 누구나 자유롭게 부실채권 거래를 위한 법인을 설립할 수 있다.

　법 개정 이후 개인 투자자의 부실채권 거래 방식에 대한 조언은 각양각색이었다. 법률의 의미는 개인 투자자도 부실채권을 거래할 수 있도록 하되 제도화해 감독 범위 내에 두자는 것이다. 그런데도 개인 투자 방식은 론세일은 안되고 채무인수 방식은 된다고 하는 등 잘못된 부실채권 투자 소문이 가득했다. 왜 법률까지 개정해서 개인 투자자가 부실채권을 전보다 거래하기 어렵게 만들었을까? 그 배경에는 무담보부 부실채권을 이용한 금융 사기와 일부 대부업체의 무분별한 채권추심 행위가 사회문제가 되었기 때문이다.

필자가 부실채권 시장 에피소드를 논하게 된 이유는 법인을 설립하려는 투자자에게 작금의 녹록지 않은 시장 상황을 숨김없이 전달해 신중한 선택을 했으면 하는 마음 때문이다. 대부업법 개정이 과열된 부실채권 시장의 숨 고르기 역할을 하게 만들었지만, 이면에는 부실채권 대부법인의 고통이 뒤따르고 있다. 현재 시장 환경은 부실채권 대부법인의 어려움이 갈수록 심화되고 있다. 그 어려움을 탈피하고자 우량 부실채권이 아닌 그야말로 불량 부실채권 거래에 투자를 유도할 우려가 있어 투자자의 주의가 필요하다.

불량 거래로 투자자를 미혹하는 일은 대부업법 개정 이전에도 고질적으로 발생하던 문제다. 대부업법 개정 이후 부실채권 거래 어려움이 심화되면서 더욱 채권 매입 전 충분한 조사와 검토가 필요하다. 지난해 유명한 모 부실채권 관리회사 대표가 사기 혐의로 구속되기도 했다. 불량 업체에 자신의 투자금이 엮이지 않으리라는 보장은 없다. 지속적인 NPL 사기 사건이 발생하는 이유는 무엇일까?

우선 부실채권 투자자 자신의 욕심 때문이다. 부실채권 수익률은 무조건 일정 수익률 이상이어야 한다는 이상한 투자 인식이 화를 부른다. 잘못된 수익률 사고방식을 토대로 자신이 감당하기 어려운 리스크가 높은 부실채권에 투자한다. 결국, 리스크를 감당하지 못해 자기 채권이 불량 부실채권으로 판명되는 결과를 맞이한다.

　둘째, 부실채권에 대한 지식 없이 도전부터 하는 성급한 마음 때문이다. 필자는 서울 강남 한복판인 강남 부동산 아카데미에서 매주 부실채권 강의를 하는 원장이다. 가끔 강좌가 진행되는 중 끊임없는 질문 공세를 하는 사람이 있는 경우가 있다. 미처 나가지도 않은 진도 내용에 대해 급한 마음에 자신의 질문만 해서 강좌 진행에 차질을 주기도 한다.

　외부 초청 강의에서도 비슷한 경우가 있다. 외부 강의는 보통 2~3시간 진행되어 부실채권의 기초적인 내용을 말씀드리게 된다. 강좌가 끝나기가 무섭게 쫓아와 폭풍 질문을 하는 사람이 있다. 대부분의 질문은 일관되게 어디에서 부실채권을 사느냐다. 부실채권을 안다는 것은 부동산과 대출과 경매를 안다는 것이다. 무엇 하나 만만한 것이 있는가? 부실채권에 정통하는 것은 하루아침에 되지 않는다. 부실채권 지식이 반드시 성공 투자로 연결되지 않지만, 실패 확률을 줄여준다. 기초 지식만이라도 갖추어 부실채권을 거래해야 한다.

　셋째, 능력 없는 부실채권 법인 때문이다. 필자는 부실채권을 강의하면서 더불어 부실채권 법인을 운영한다. 어떤 불량 부실채권 법인은 고객의 자산관리보다 예상 수익률을 가공해서 높은 수수료를 요구해 자신의 배만 채우면서 버젓이 활동한다. 별다른 실적이 없는데도 다른 사람의 사례를 마치 자신이 수익을 획득한 것처럼 포장한다. 법인에 위탁해 채권을 매입하거나 부실채권 법인과 거래하는 경우 해당 법인의 설립

일, 주변 평판을 탐문하고 거래 실적을 확인해야 한다. 등기사항전부증명서를 통해 양수인이 부실채권 법인과 동일한지 여부를 확인해야 한다.

필자는 부실채권 투자를 위해 금융위원회에 등록한 제이캐피탈대부(주)를 운영하고 있다. 다음 장에서는 7가지의 부실채권 투자 사례를 소개하고자 한다. 독자가 활용할 수 있는 부실채권 투자 디딤돌이 되기 바란다.

02

성공 사례 7선

대위변제 성공 사례

성공 스토리

요즘 부실채권 개인 투자자가 이구동성으로 하는 이야기 중 하나는 '부실채권 투자는 요단강 건너갔다'이다. 필자도 일부 수긍한다. 그러나 과연 투자자가 얼마나 심각하게 부실채권에 대해 고민했는지, 얼마나 노력했는지 묻고 싶다. 부실채권에 회의를 가진 투자자 대부분은 유동화회사가 가진 빤한 물건을 매수의향서 몇 번 넣어보고 수익이라고는 기대할 수 없는 매각금액을 견적으로 받은 경험이 있을 것이다.

제아무리 불경기라도 돈 버는 사람은 있기 마련이다. 제아무리 호경기라도 누구나 주머니가 두둑한 것은 아니다. 제아무리 부실채권 투자가 어려워도 수익을 내는 부실채권은 있다. 최근 부실채권 수익을 올리기 위한 기발한 투자법이 생겨나고 있다. 그러나 부실채권 투자의 기본은 채권을 양수하고 배당으로 수익을 내는 방법이다. 그 기발한 투자법은 채권의 양수 방법으로 부실채권 시장의 채권 가뭄에서 시작되었다. 대표적 방법이 대위변제 기법이다.

결론부터 말하자면 본 건은 유동화회사로부터 매입한 물건이 아니라 대위변제 기법을 통해 이루어낸 투자 성공 사례다. 수많은 부실채권 도서에서 대위변제 기법을 이야기하고 있고, 요즘은 부실채권 투자 기법의 대명사가 되었다. 그러나 대위변제를 활용한 성공 사례를 상세하게 공개하는 도서는 많지 않다. 필자는 과감하게 실전 활용 성공 사례를 공개한다. 부실채권 투자에 적극 활용해 누구나 성공 투자를 경험하기 바란다. 이 책에 게재된 경매 정보는 대한민국 경매 정보 1번지 스피드옥션에서 제공했다.

물건 분석

〈그림 31〉 2016타경88××

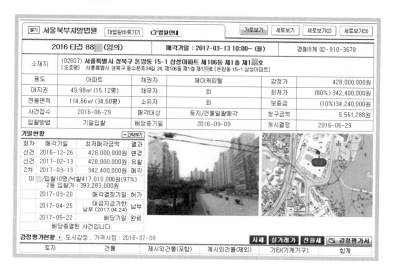

토지	건물	제시외건물(포함)	제시외건물(제외)	기타(기계기구)	합계
256,800,000원	171,200,000원	x	x	x	428,000,000원

감정평가현황 ▶ 도시감정, 가격시점 : 2016-07-08 ｜ 시세 실거래가 전월세 감정평가서

건물현황 ▶ 보존등기일 : 2000-03-30 ｜ 건축물대장

	소재지	층별	구조	전용면적	감정가격	비고
1	돈암동 15-1 106동	1층1 호	철근콘크리트조	114.66㎡ (34.68평)	171,200,000원	23층 건중 1층

기타 기본 위생설비 및 급배수설비, 도시가스 보일러에 의한 개별난방설비, 승강기설비, 옥내소화전설비 등

대지권현황 ｜ 토지이용계획/공시지가 부동산정보 통합열람

	지번	용도	대지권비율	면적	감정가격	비고
1	돈암동 15-1	대지권	52,117㎡ 분의 49.98㎡	49.98㎡ (15.12평)	256,800,000원	

기타 고명중학교 북동측 인근에 위치 / 주위는 단독주택, 다세대주택, 아파트 및 일부 근린생활시설 등이 혼재 / 본건 인근 도로변에 노선버스정류장 및 전철역(길음역, 성신여대입구역)이 소재하여 대중교통 사정은 대체로 양호한 편임 / 본건 단지는 외곽 공도에 접해 있음, 본건 단지 내 도로와 연계되 차량의 진출입이 가능함 / 제3종일반주거지역

임차인현황 ｜ 채무자(소유자)점유 ｜ 매각물건명세서 예상배당표

건물 등기 사항 ▶ 건물열람일 : 2016-07-08 ｜ 등기사항증명서

구분	성립일자	권리종류	권리자	권리금액	상태	비고
갑1	2000-05-29	소유권	최		이전	매매
을16	2015-04-17	(근)저당	오에스비저축은행	288,000,000원	소멸기준	(주택) 소액배당 9500 이하 3200 (상가) 소액배당 6500 이하 2200
을17	2015-04-17	(근)저당	오에스비저축은행	127,200,000원	소멸	
을19	2016-03-08	(근)저당	제이캐피탈	10,000,000원	소멸	
갑18	2016-06-29	임의경매	제이캐피탈	청구: 5,561,288원	소멸	2016타경8655(배당종결)

본 투자 물건은 서울시 성북구 돈암동 삼성 아파트다. 전용면적 114.66㎡(34.685평), 대지권 49.98㎡(15.119평), 전체 26층 중 1층으로, 1999년 4월 사용 승인받아 18년 경과한 대단지 아파트다.

이 물건은 후순위 소액 투자를 통해 자금을 조달하고 대위변제 기법을 적용한 사례다. 소유자 겸 채무자는 돈암동 삼성 아파트를 담보로 2건의 화재보험사 근저당대출을 받았다. 2015년 4월 17일 대출금 증액 목적으로 이자율이 높은 저축은행 대환대출 2건으로 갈아타기를 했다.

대출 원금은 346,000,000원(담보설정 120%, 채권최고액 415,200,000원), 계속해 자금 확보 목적으로 2016년 3월 8일 제이캐피탈대부(주)에 대출 원금 5,000,000원(담보설정 200%, 채권최고액 10,000,000원)을 대출받았다. 이와 같이 대환대출을 반

복하고 소액 추가대출을 하게 되면 등기사항전부증명서가 매우 복잡하게 흔적이 남는다. 쉽게 말하자면 부실채권 물건으로 변환될 확률이 높다.

담보 물건이 전용면적이 34.7평으로 비교적 중대형이고 통칭 미아리 고개 정상 부근 높은 지역에 위치했을 뿐 아니라 1층 물건이기 때문에 다소 위험하다고 보았다. 그러나 부동산 상승 국면과 경매 입찰자 증가 추세에 있는 부분과 5,000,000원 소액 대출이기 때문에 어려운 채무자에게 회복할 기회를 주는 것도 좋겠다 생각해 대출을 실행했다.

우려한 대로 채무자는 대출 직후부터 이자를 연체했다. 3개월 만에 NPL 물건으로 변환되어 2016년 6월 29일에 임의경매 (2016타경88××, 청구 금액 5,560,000원)가 개시되었다. 1차 매각기일이 2016년 12월 26일로 잡혔다.

입지 분석

〈그림 32〉 서울시 성북구 돈암동 삼성 아파트 입지

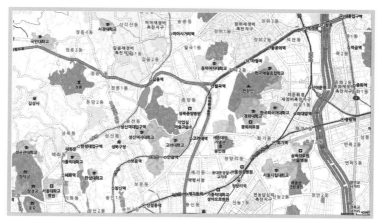

본 물건은 서울 성북구 미아리 고개 북측, 개운산 공원 북서쪽에 위치하고, 1999년 노후 지역 재개발로 삼성물산에서 건축한 9개 동, 2014세대 아파트다. 단지 북서측에 북한산 공원, 남측에 개운산 공원이 있고, 높은 지대에 쾌적한 환경을 갖고 있다.

4호선 길음역이 도보 10분 거리이고 내부순환로(길음, 정릉 IC)와 동소문로 등 교통 여건이 우수하다. 미아사거리에 현대 백화점, 롯데 백화점 및 이마트 등 몰세권에 있다. 서울대 병원, 고려대 병원 및 경희 의료원이 근거리에 있어서 생활 편의성을 제공한다. 주변에는 성신여대, 고려대, 성균관대, 국민대, 서경대, 경희대, 외국어대, 시립대 및 광운대 등 인기 대학이 밀집된 중심에 있다. 주거 수요가 많고 특히 북쪽에 길음 뉴타운, 미아 뉴타운 및 장위 뉴타운이 순차적으로 개발되어 강북의 주거 인기 지역으로 자리 잡았다.

〈그림 33〉 서울시 성북구 돈암동 삼성 아파트 단지 전경

돈암동 삼성 아파트 106동은 단지 정문에서 가까운 동이고 근린상가가 있어서 편리하다. 단지 형태는 남북으로 길게 자루형으로 브랜드 가치 및 선호도가 높은 아파트다.

〈그림 34〉 서울시 성북구 돈암동 삼성 아파트 주변 단지 입지

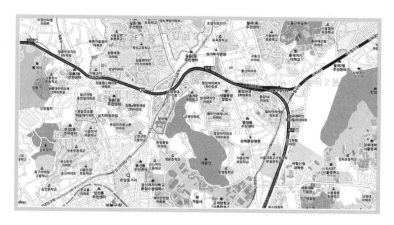

지도에서 자루처럼 생긴 표시가 돈암동 삼성 아파트다. 별표가 106동으로 남향이다. 영훈 국제중학교, 미아뉴타운 아파트 신축 중으로 주거 환경이 좋아지고 있다. 대중 교통은 6차선 동소문로를 따라 종로, 서울역 방향 노선 버스가 많아 편리하다. 내부간선도로를 통한 수도권 외곽으로 접근성도 좋다. 개운 초등학교, 개운 중학교, 성신여고가 인접해 있다.

경매가 진행되면서 2016년 7월 초 법원 감정가격은 428,000,000원, 1차 입찰은 채무자 요청에 따라 2017년 2월 13일로 1회 매각기일을 연기했다. 입찰에서는 물건의 특징상 최선호

층은 아니었기 때문에 유찰되었다. 2차 매각기일은 2017년 3월 13일이었다. KB국민은행의 KB 시세는 좋은 흐름이었다. 추세선에 주목하는 이유는 후순위 투자이기 때문에 매각을 통한 채권회수 타이밍 파악을 위해서다.

〈그림 35〉 2016타경88×× 경매 물건 KB 시세 추세선

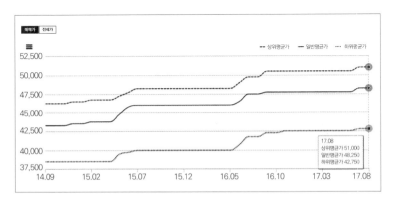

여기에서 본 건의 수익을 올리게 된 핵심인 대위변제 기법을 설명하고자 한다. 군대를 다녀 온 사람이면 선착순의 기억이 있다. 채권도 순착순처럼 순위가 중요하다. 본 물건의 근저당권 선순위는 저축은행이 2건 있었다. 제이캐피탈대부(주)는 후순위로 10,000,000원의 근저당권을 설정했다. 후순위 채권자는 연체 기간이 늘어나거나 낙찰가격 하락 시 원금 손실 우려도 있다. 선순위 채무를 변제하고 배당받을 수 있는 권리인 법정대위를 활용했다. 선순위 저축은행 2건의 채무를 변제했다.

결과는 감정가격 428,000,000원 대비 97.43%, 417,010,000원이라는 초고가 낙찰이었다. 정상 시세가 425,000,000원 수준인데 10명이 경쟁했고 인천 거주 최고가매수인이 서울 입성 목표를 달성했다.

이 투자의 수익률을 정리해보면 다음과 같다. 2016년 3월 후순위 대출 원금 5,000,000원을 투자했다. 선순위 대출(원금 346,000,000 + 이자)은 질권 대출로 대위변제했다. 2017년 5월 말 배당을 받아 약 15개월 동안 원금 대비 약 420% 수익을 올렸다. 불과 '5,000,000원으로 무엇을 할 수 있을까'라고 생각하겠지만, 5,000,000원으로 약 21,000,000원이라는 연수익 336%라는 가성비 높은 이익을 획득했다.

투자 성공 요인을 살펴보면 중대형에 1층 물건이라서 비인기라는 우려가 있었다. 그러나 입지가 강북에서 인기 있는 위치이고 삼성 아파트라는 브랜드 가치, 노인 세대나 어린 자녀 세대에게 오히려 1층이 인기인 최근 트렌드가 법원 경매에서 선방했다. 부실채권 투자에서 금액이 커야 수익을 낼 수 있다는 고정관념을 깨는 기회였다. 소액밖에 없다고 투자를 포기하거나 위축되지 말기 바란다. 대위변제 기법은 작은 자본으로 시작하는 투자자나 소액 투자를 선호하는 투자자에게 적합한 방식이다.

재건축 활용 성공 사례

성공 스토리

부실채권 투자와 경매에서 중요한 것은 예상 낙찰가를 산정하는 것과 물건의 미래가치를 정확하게 알아보는 것이다. 경매 시장의 많은 투자자가 미래가치가 아닌 현재의 시장가치만을 중요하게 여기는 경향이 있다. 매수인이 된 후 즉시 매각을 통해 양도차익을 획득하려는 투자 습성 때문이다. 필자는 투자 습성의 잘잘못을 떠나 단기간에 양도차익을 획득하려는 투자 형태는 모든 투자자가 갖는 사고방식이라 본다. 다만 과연 원하는 수익률을 올릴 수 있을까 의구심이 든다. 현재 시세보다 미래가치에 대해 조사하고 분석하는 투자 습성이 성공 투자의 길이다.

본 물건은 미래가치 파악에 중점을 두어 성공 투자한 물건이다. 28년 된 서울 북쪽의 노후 아파트로 언제 재건축을 할지 강남, 여의도, 목동에 비교해봐도 도무지 차례가 돌아올 것 같지 않은 하찮은 물건으로 보였다. 그러나 필자는 지역적 특성과 주민의 성향, 인기 매물을 확인하면서 채권을 양수해 부실화 가능성 있는 물건에 접근했다. 또한, 매각 시점까지 재건축 추진 과정을 확인 및 검토하면서 시장 상황을 면밀하게 파악해 법원 경매에서 112%라는 낙찰률로 높게 매각되었다.

부실채권 투자는 단순히 채권 매수하고 배당을 통해 수익을 실현하는 단순 투자가 아니다. 부동산 미래가치 파악에 초점

을 두는 투자다. 많은 투자자가 부동산 투자만 미래가치를 중
요시하고 부실채권 투자 시 담보 부동산의 미래가치 파악을
게을리하는 경향이 있다. 이는 성공 투자와 거리가 멀어진다.
신토불이라는 용어처럼 부동산과 부실채권의 투자 사고방식
은 다르지 않다.

물건 분석

〈그림 36〉 2015타경1024××

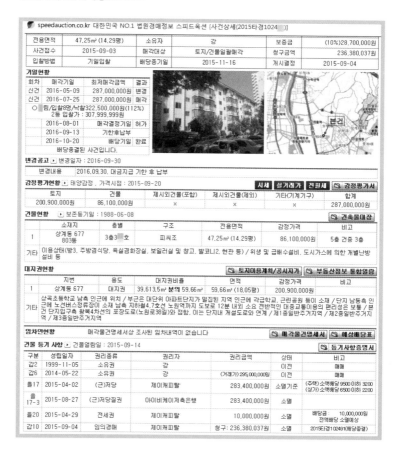

본 물건은 서울시 노원구 상계동 주공8단지 아파트 부실채권 투자 물건 성공 사례다. 전용면적 $47.25m^2$(14.293평), 대지권 $59.66m^2$(18.047평), 전체 5층 중 3층이다. 1988년 5월 사용승인받아 28년 경과한 대단지 아파트다.

소유자 겸 채무자는 본 건에 대한 이전 경매사건 2014타경22××에서 1금융권 채무를 갚지 못해 부실채권으로 변환되었다. 경매 중에 국내 모 대부업자 취하자금 대출을 받아 경매취하를 했다. 그러나 2015년에 필자가 운영하는 부실채권 운영 법인인 제이캐피탈대부(주)가 채권을 양수했다. 대출금 218,000,000원, 근저당권 283,400,000원(담보설정율 130%)을 설정했다. 채권 양수 후 몇 개월 되지 않아 다시 부실채권 물건으로 변환되었다. 2015년 9월에 임의경매(2015타경1024××, 청구금액 236,380,000원)가 개시되어 1차 매각기일이 2016년 5월에 잡혔다.

입지 분석

〈그림 37〉 서울 노원구 상계동 주공아파트 입지

본 물건은 서울시 노원구 노원역 북측에 위치하고 상계택지개발지구 내 주공8단지 저층 아파트다. 상계동은 북측에 수락산, 동측에 불암산이 있고 서측에 중랑천이 흐른다. 남북으로 7호선과 북동~남서쪽으로 4호선 전철이 통과한다. 더블 역세권인 노원역 일대 상권은 서울 북동쪽에서 가장 큰 상권을 형성하고 있는 곳으로 오랫동안 서민의 인기 주거지로 자리 잡았다. 북쪽으로 4호선 연장(진접선) 공사, 7호선 연장(양주~포천)이 활발하게 진행되고 당고개 넘어 별내 신도시와 연결되었다. 세종~포천 고속도로와 직결되어 도로 활용성도 크게 개선되었다. 또한, 창동 차량기지 및 도봉 면허시험장 이전, 창동 수도권 광역급행철도(Great Train eXpress : GTX) 역사 주변 개발 등 지역 개발 호재도 점점 활성화되고 있는 상황이었다.

〈그림 38〉 서울 노원구 상계동 주공8단지 아파트 전경

사진에서 표시된 부분이 803동이다. 단지 배치는 멀리 보이는 상곡초등학교 북쪽으로 15개동, 남쪽으로 3개 동이다. 803동은 중간 라인에 남향으로 일조권이 우수하다. 7호선 마들역을 도보 이용 가능하다. 노원역 일대는 롯데 백화점을 비롯한 상권이 발달해 있어 생활 편의성이 좋다. 대중교통은 동일로를 따라 노선버스 이용이 편리하고 동부간선도로 및 종횡 도로망이 발달되어 있다. 교육 환경은 단지 내 상곡초등학교가 위치해 있고, 청원 중·고등학교, 온곡중 및 노원 고등학교가 가깝다. 서울 3대 학원가로 유명한 중계동 학원가가 인근에 있어 강북 최고 인기 학군이다.

경매가 진행되면서 2015년 9월말 감정가격은 287,000,000원, 1차 입찰은 2016년 5월 9일로 잡혔다. 그러나 채무자 요청으로 기일 연기를 해 7월 25일로 1차 기일이 잡혔다. 본 부실채권을 양수해왔던 2015년 4월 초에 서민 인기 주거 지역, 소형 평형이고 4, 7호선 전철 더블 역세권이라는 점에 주목했다.

이와 같은 특징에 의거해 경매 매각 시 95%대 낙찰가율이 충분하고 엘리베이터가 없는 전체 5층 중 3층이면 최상의 인기 물건이기 때문에 높은 수익을 낼 수 있다고 판단했다. 채권 양수 후 다시 부실채권 물건으로 변환되면서 물건을 분석하는 가운데 숨은 보석 같은 호재가 발견되었다. 그 이유를 확인할 수 있는 서울시 재개발·재건축 클린업시스템은 재개발·재건축 추진현황을 확인하는 시스템이다.

<그림 39> 상계주공8단지 주택재건축정비사업 조합 재건축 추진현황 확인

상계택지개발지구의 1987년부터 건축한 아파트 중 재건축 후 가장 수익이 많이 발생할 수 있는 투자 대상이 8단지 아파트이다. 2015~2016년 당시 강남, 목동 및 여의도 쪽에 인기가 워낙 높아서 상계동 쪽에는 바람이 불지 않았다. 상계동 주공8단지는 주변 단지와 다르게 조립식으로 지어졌다. 안전 진단 통과뿐 아니라 사업의 필요성을 조합원과 허가 관청이 공감해 가장 진도가 빨라지는 요인이 되었다.

2014년 11월에 조합설립 인가가 되었다. 정비구역 지정 시 토지이용계획상 2종·3종 일반주거지역이 섞여 있던 토지가 전체적 3종으로 검토되었다. 2015년 8월 건축심의에서 30층 높이 건축이 승인되면서 사업 속도가 한층 빨라지게 되었다.

건축 승인은 사업시행 인가로 이어지는데 2016년 1월 사업시행 인가를 받게 되었다. 2종에서 3종으로 종상향되면서 용적률이 기존 88%로부터 293%로 늘어나 1062세대를 건축하게 되었다. 시공사는 한화건설, 상계 꿈에그린 아파트로 재탄생하게 되었다.

재건축 대상 단지 가격 상승은 3~4차례 이어진다. 그중 가장 주목받는 시기가 사업시행 인가다. 필자가 경매로 매각하는 시기에 사업시행 인가를 받게 되었기 때문에 달리는 말에 날개를 달게 된 격이었다. KB국민은행의 KB 시세 곡선을 보면 2015년 8월 건축 심의 후부터 2016년 1월 사업시행 인가, 2016년 7월 내부적으로 관리처분계획 준비 시기와 맞물려 시세가 상승했다. 2015년 4월(채권 양수 시점) 대비 약 15% 이상 상승했다. 1차 매각기일이 2016년 7월 25일이기 때문에 기가 막히게 시세 곡선이 투자 대상 물건의 수익에 안성맞춤이었다.

〈그림 40〉 2015타경1024×× 경매 물건 KB 시세 추세선

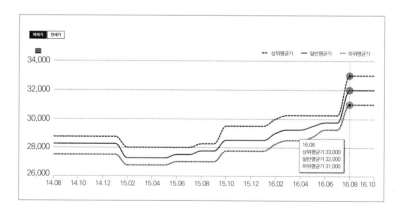

예상대로 결과가 적중할 때 누구나 기쁜 마음을 갖게 된다. 감정가격 287,000,000원 대비 112.37%, 325,000,000원이라는 고가 낙찰 신기록을 수립했다. 재건축에 관심이 많은 경매 입찰자 8명이 경쟁했다. 물건의 진가를 제대로 알고 낙찰받은 최고가 매수인은 상투를 잡은 것이 아니라 로또 복권을 타게 되었다. 상계8단지는 2017년 3월 관리처분 인가를 받고 현재 시세가 390,000,000원을 넘어서고 있다. 이주 및 철거 단계를 진행하고 있고 2017년 말 착공을 앞두고 있다.

투자 수익률을 계산하면 2015년 4월 초 투자한 대출 원금 218,000,000원, 2016년 10월 배당기일에 배당금 283,400,000원 수령, 원금 대비 약 30% 수익을 올리게 되었다. 2금융권 자금으로 레버리지 투자하는 경우 18개월간 약 92%의 수익률을 올린 것이다. 연수익률로 환산하면 원금 투자는 20%, 레버리지 투자는 61.3% 수익률이다. 부실채권 투자는 이와 같이 수익률을 올리는 재미가 있다.

수도권 아파트 성공 사례

성공 스토리

경매에서 아파트 투자는 수익을 획득하기 어려운 투자 대상 물건 중 하나다. 다만 경매 초보 투자자 입장에서 아파트 투자는 투자 1순위, 응찰 1순위 안전 물건이다. 비록 양도차익은 크지 않지만, 유동성이 양호하기 때문에 선호도가 높다. 경매 법정을 오랫동안 다녀본 내공 있는 투자자에게 아파트는 고생에 비해 먹을 것 없는 레드오션이다. 그러나 역설적이게도 초보 투자자가 올려주는 높은 낙찰가율 덕분에 부실채권 투자에서 아파트는 블루오션이다.

많은 부실채권 투자자가 유동화회사로부터 아파트 채권을 매입하기 원하지만, 사막에서 오아시스 찾기처럼 쉽지 않다. 아파트 부실채권 매입이 이처럼 어려운 이유는 투자자에게 블루오션이 유동화회사에게도 블루오션이기 때문이다. 수익이 보장된 채권을 담당자가 굳이 팔 아프게 계약서 작성해가며 매각할 필요가 없다. 봉황은 누가 보아도 봉황인데 닭값으로 팔 이유가 없다.

필자는 어떻게 봉황을 잡을 수 있었을까? 부실채권 양·수도는 유동화회사만 할 수 있는 거래가 아니다. 스스로 유동화하려는 노력으로 부실채권 개발에 주력해 지금과 같이 성공 투자법을 소개하기에 이르렀다.

물건 분석

〈그림 41〉 2016타경652××

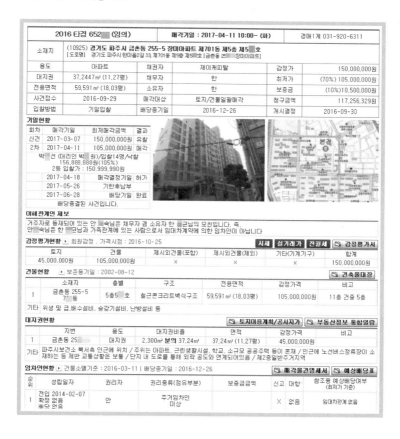

본 물건은 경기도 파주시 금촌동 장미 7차 아파트 부실채권 투자 물건 성공 사례다. 전용면적 59.59m^2(18.03평), 대지권 37.24m^2(11.27평), 전체 11층 중 5층이다. 2002년 7월 사용 승인받아 15년 경과한 나홀로 아파트다.

소유자 겸 채무자는 본 건에 대한 이전 사건 임의경매 2015

타경22881에서 2016년 3월 감정가격 130,000,000원 대비 102.8%, 133,650,000원에 낙찰되어 소유권을 상실할 위험에 처했다. 그러나 제이캐피탈대부(주)의 자금 대출(105,000,000원)을 실행, 근저당 150%를 설정(157,500,000원)해 경매사건을 기각시키고 소유권을 지켰다.

한편 몇 개월 후 이자 납부를 연체하게 되어 부실채권 물건으로 변환되었다. 2016년 9월 30일에 임의경매(2016타경 65236, 청구 금액 117,260,000원) 사건이 개시되어 1차 기일이 2017년 3월 잡혔다.

입지 분석

〈그림 42〉 경기도 파주시 금촌동 장미 아파트 입지

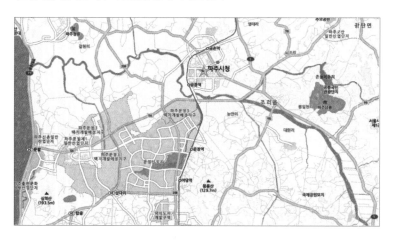

본 물건은 경기 북서부에 위치한 파주시 금촌동 지역이다. 오래된 교통 요충지이고 아래쪽에 운정 신도시, 일산 신도시

와 인접하며 북쪽으로 문산과 판문점으로 가는 길목에 있다. 파주시는 출판산업단지, 헤이리 예술마을, 영어마을 및 LG-LCD[87] 단지 등 90년대 말부터 개성공단 개발과 함께 지속적으로 지역 개발이 활성화되고 있는 지역이다.

〈그림 43〉 경기도 파주시 금촌동 장미 아파트 주변

〈그림 44〉 경기도 파주시 금촌동 장미 아파트 주변 단지 입지

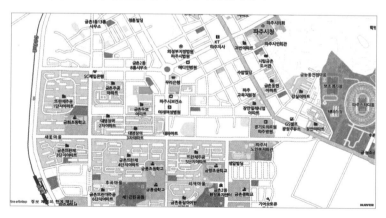

---

87) 액정 디스플레이(Liquid Crystal Display : LCD)

장미 7차 아파트는 62세대 나홀로 아파트이고 중간라인에 남향으로 일조권이 우수하다. 금촌 로터리 북쪽 방향으로 법원과 파주 시청이 위치해 있다. 중심상업지구에 가까워 생활 편의성이 좋다. 교통 면에서 경의중앙선 금릉역까지 1.2km 거리이고 서울역까지 50분 소요되며 대곡역, 서울역에서 수도권 전철로 환승 할 수 있다. 금촌 로터리 부근이라 대중교통 이용이 편리하고 주변에 자유로, 외곽순환도로와 연결된 사통팔달의 도로망이어서 수도권 접근성이 좋다. 교육 환경은 금릉 초등학교, 금릉 중학교가 7분 거리에 있고 금촌고등학교가 14분 거리에 있다. 경기도의료원 파주병원이 도보 10분 거리다.

경매가 진행되면서 감정가격이 150,000,000원으로 정해졌고 2017년 3월 7일 제1차 기일에 유찰되었다. 동일 물건의 이전 사건 2015타경228××에서 감정가격 대비 102.8%에 낙찰된 전력이 있어서 무난히 1차에 100%를 넘길 것으로 예상했었다. 유찰 사유를 분석하면서 매각물건명세서상 이상한 점을 발견했다. 임차인의 전입일 2014년 2월 7일이 1순위 근저당 2016년 3월 11일보다 앞서 대항력이 있기 때문에 인수 우려가 있었다.

2차 기일이 2017년 4월 11일에 잡혔고 정상적인 매각을 위해 물건이 위치한 파주시 금촌동과 운정 신도시 호재를 검토했다. 그 결과 GTX-A노선(킨텍스~삼성역)의 18년 착공 및 운정까지 연장 추진 소식, 3호선 연장(대화~파주), 서울문산고속도로(2020년 개통), 제2외곽순환도로(파주 통과, 2024년 개통) 호재가 있었다. 당시 북한과 개성공단 재개 및 관계 개선을 추진하는 정부의 의도와 부합했다.

장미 7차 아파트는 비록 나홀로 아파트지만 주변에 아파트 단지로 둘러싸여 있어 대단지 효과가 있다. 금촌 로터리와 제일 가깝고 시세가 인접 주공1단지 아파트(796세대)와 비슷해 매물이 나오는 즉시 거래가 이루어질 만큼 인기가 있고 전세가가 더 높은 인기 아파트였다.

〈그림 45〉 경기도 파주시 금촌동 장미 아파트 평면도

장미 아파트는 내부 현관 쪽 발코니를 공용 통로로 사용하는 복도식으로 주부가 선호한다. 구조 면에서 남·북쪽 발코니를 모두 사용할 수 있는 계단식 아파트이고, 전용면적 18평은 신혼부부, 임대사업자가 무조건 확보하려 하는 최고 인기 물건이다. 이와 같은 호재와 개별 부동산이 장점을 경매 전문가나 현지 부동산 전문가가 절대 놓칠 이유가 없다고 보았다.

이제 해결할 과제는 대항력이 있기 때문에 인수 우려가 있는 임차인의 존재였다. 채권 관계 서류 검토 결과 임차인은 채무자의 모친이었다. 이 부분이 경매 정보에 나타나지 않아 입찰 경쟁이 낮아지고 낙찰가가 하락할 우려가 있었다. 경매 법원에 임차인이 채무자의 모친이라는 무상임차확인서를 제출해 입찰자가 인수할 위험이 없다는 정보를 제공했다.

드디어 운명의 2차 매각기일은 4월 11일에 좋은 낙찰 결과가 나왔다. 예상보다 훨씬 높은 감정가격 150,000,000원 대비 104.59%, 156,888,888원이라는 고가 낙찰을 기록했다. 무려 14명이 경쟁해 파주 시민이 1등 했다. 현지인이 물건의 진가를 제대로 알고 있을 것이다. 8을 매우 좋아하는 경매 전문가다. 8은 중국인이 제일 좋아하는 부자 되는 숫자다. 과거 사건에서 2016년 3월에 102.8%, 133,650,000원에 낙찰된 것과 비교하면 13개월 만에 무려 23,240,000원, 17.4%나 높게 낙찰되었다.

투자 수익률을 계산하면 2016년 3월에 투자한 대출 원금이 105,000,000원, 2017년 6월 배당기일에 배당금 140,880,000원을 수령했다. 원금 대비 약 34.17% 수익을 올렸다. 2금융권 자금으로 레버리지 투자하는 경우 13개월간 약 129% 수익률이다. 연수익률 환산하면 원금 투자는 31.5% 레버리지 투자는 119%이다.

투자 성공 요인을 살펴보면 금촌동 자체만 보면 지방 소도시라서 아파트의 가치가 낮고 매매도 잘 안 될 것으로 보였다. 그러나 장기적 지역 개발 비전과 철도 및 도로계획을 입체적으로 분석해 파주 운정 지역과 인접 금촌동의 저평가 아파트도 부실채권 투자 가치가 충분한 것을 발견했다. 또한, 매각 시점까지 작은 문제도 소홀히 하지 않고 적극적으로 대처해 투자자의 수익을 높였다.

단독주택 활용 성공 사례

성공 스토리

부동산 투자에서 성공하기 위해서는 호재가 있는 지역에 투자해야 한다. 마찬가지로 부실채권 투자는 해당 부동산이 개발 지역에 소재하는 경우 높은 낙찰가율로 매각되어 채권회수에 유리하다. 호재가 있는 지역은 반드시 개발사업이 있다. 그 개발은 개인이 사익을 위해 개발하는 전용 행위가 아니라 국가 등이 개발하는 공익사업과 같은 대형개발사업이 호재의 주요 배경이 된다. 실무적으로 상당수 투자자가 이와 같은 개발사업에 대한 조사 및 분석은 거의 하지 않는다. 보통 시세 조사, 선순위 인수 채권이 있는지 여부와 같은 개별 요인 분석만 한다. 심지어 일부 투자자가 해당 부동산의 사주팔자를 알아볼 수 있는 토지이용계획확인조차 검토하지 않는다. 걱정을 넘어 안타까운 마음이 든다.

이는 투자자가 부동산 공법에 대해 지식이 부족하기 때문이다. 부동산 공법의 개발사업만 해도 200여 가지에 달해 범위가 매우 넓고 생소한 용어가 많다. 작심하고 익히지 않으면 부실채권 투자에 활용하기가 쉽지 않다. 전문적인 정도는 아니어도 토지이용계획확인에 나오는 도시계획시설사업, 도시정비사업과 같이 자주 접하는 개발사업은 개괄적인 파악을 할 수 있어야 한다.

이번에 소개하는 성공 사례는 권리분석뿐 아니라 개발사업에 대한 조사 및 분석이 선행되어 과감한 도전을 했다. 필자의 부실채권 운용 회사에는 20여 명의 부동산 전문가가 있다. 본 물건의 개발 호재를 사전에 파악해 성공 투자로 귀결되었다.

물건 분석

〈그림 46〉 2016타경146××

2016 타경 146 (임의)		매각기일 : 2017-07-13 10:30~ (목)		경매8계 031-210-1268	
소재지	(16635) 경기도 수원시 권선구 오목천동 319-■ [도로명] 경기도 수원시 권선구 삼천병마로159번길 11- (오목천동)				
용도	주택	채권자	제이커피탈	감정가	1,136,712,500원
토지면적	393㎡ (118.88평)	채무자	전	최저가	(70%) 795,699,000원
건물면적	94㎡ (28.43평)	소유자	대한토지신탁	보증금	(10%)79,570,000원
제시외	198.4㎡ (60.02평)	매각대상	토지/건물일괄매각	청구금액	757,734,247원
입찰방법	기일입찰	배당종기일	2016-08-04	개시결정	2016-05-24

기일현황 ▾ 간략보기
회차	매각기일	최저매각금액	결과
	2016-11-15	1,115,173,500원	변경
	2016-12-15	1,115,173,500원	변경
신건	2017-01-20	1,115,173,500원	유찰
2차	2017-02-24	780,621,000원	유찰
	2017-03-30	546,435,000원	변경
신건	2017-06-08	1,136,712,500원	유찰
2차	2017-07-13	795,699,000원	매각

정 수/입찰4명/낙찰1,078,000,000원(95%)
2등 입찰가 : 870,501,900원

	2017-07-20	매각결정일	허가
	2017-09-12	기한후납부	
	2017-11-27	배당기일	진행

변경공고 ▶ 변경일자 : 2016-12-07

변경내용	2016.12.07. 변경 후 추후지정

감정평가현황 ▶ 해성감정 · 가격시점 : 2016-06-10   🔍 감정평가서

토지	건물	제시외건물(포함)	제시외건물(제외)	기타(기계기구)	합계
1,088,610,000원	17,242,500원	30,860,000원	×	×	1,136,712,500원
비고	※ - 참조-처음경매진행은 제시외건물(점포및주택 126.7㎡)제외로 진행하였으나, 사건이 변경되면서 포함되어 진행합니다.				

본 물건은 수원시 권선구 오목천동 단독주택이다. 대지 393 m^2(118.88평), 건물 $94m^2$(28.435평), 제시외 건물 $198.4m^2$(60평) 단층 주택으로 1981년에 사용 승인된 36년 경과한 구옥이다. 건물은 단층 주택(방 3개), 단층 상가(점포 2개, 방 1개), 창고(조립식)로 구성되어 있다. 주택은 연와조, 상가는 블럭조 슬라브

지붕, 창고는 판넬구조로 되어 있다.

소유자는 누적된 여러 건의 근저당과 개인 채무로 임의경매 2014타경437×× 사건에서 2015년 10월 감정가격 1,125,000,000원 대비 71%, 798,400,000원에 낙찰되어 소유권을 상실한 위험에 처했다. 제이캐피탈대부(주)에서 취하자금 대출(650,000,000원)을 실행하고 담보신탁계약을 체결했다. 채무자는 근저당 975,000,000원(설정률 150%)을 설정해 경매를 기각시키고 소유권을 지켰다. 그러나 대출 몇 개월이 경과한 후 이자 납부를 연체했고 부실채권으로 전환되었다. 2016년 5월에 임의경매가 개시되고 1차 기일이 2017년 1월로 정해졌다.

입지 분석

〈그림 47〉 경기도 수원시 권선구 오목천동 단독주택 입지

본 물건은 서수원 지역에 위치해 권선 행정타운지구에 인접하고 호매실, 봉담 택지개발지구와 붙어 있어서 주거지가 확대되고 있는 지역에 소재한다. 수원역과 4km 이내로 교통이 편리하다. 그러나 서수원에는 수원 군사비행장 소음 공해와 비행안전구역 때문에 50년간 지가 상승이 제한되고 지역개발이 지연되었다. 토지이용계획상 준주거지역이고 남측이 6m 도로에 접한다. 공시지가는 2016년 m^2당 1,287,000원, 도로 쪽의 점포는 부동산중개업소, 개인 사찰을 운영 중이지만 영업 상황은 부진했다.

〈그림 48〉 경기도 수원시 권선구 오목천동 점포 사진

〈그림 49〉 경기도 수원시 권선구 오목천동 점포 위성 사진

　위성 사진에서 표시된 것이 점포 건물이다. 경매 토지인 319-12번지와 인접 토지(923-94번지 국유지 52㎡)에 걸쳐 있다. 법정지상권 여부가 경매정보지에 나타난 점도 낙찰가율을 낮출 수 있는 문제였다. 낡은 건물과 점포의 불황, 인접 토지 사용이 문제였지만, 향후 확실하게 터질 대형 호재가 있었다. 취하자금 대출을 실행했고 NPL이 되면 호전될 것을 예상하고 상황을 주시했다.

　토지이용계획도를 보면 본 물건은 원으로 표시한 319-12번지다. 해당 물건의 주변 지역 부분이 준주거지역으로 네거리 중심 상권이다. 네모 표시는 봉담역(수인선)으로 2018년 개통 예정이고, 수원역과 1개 역 거리로 연결된다. 경매가 진행되

<그림 50> 경기도 수원시 권선구 오목천동 단독주택 토지이용계획도

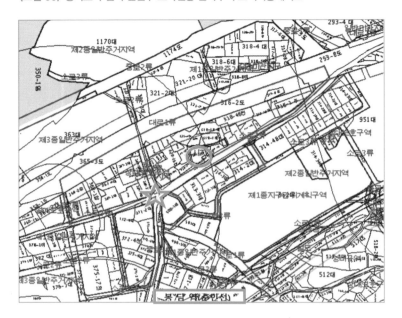

는 기간 중 2016년 12월에 국방부가 대형 호재인 수원군사비행장이 화성 화옹지구로 이전·확정되었다고 발표했다. 또한, 수인선 전철공사가 차근차근 진행되어 봉담역사 주변 철로공사도 가시화되었다. 한편 법원이 감정평가서상 매각에 포함시킬 제시외건물 1건(타 지번 위에 걸친 점포)을 매각에서 제외시키는 착오를 해 2차까지 유찰되었다. 이후 보정 노력으로 감정가격이 1,136,710,000원으로 상승하고 6월 8일 다시 1차부터 경매를 시작하게 되었다.

서수원 쪽은 남수원, 동수원과 비교해서 수원 비행장 때문에 비인기 지역으로 과도하게 저평가된 면이 있었다. 본 물건은 수인선 봉담역 개통 호재와 역 주변 철도 건설 가시화, 비행장 이전 확정 소식, 호매실 및 봉담 지구 개발 등과 맞물려 그 중심지인 오목천동에 있다. 봉담역 개통 후 유동 인구가 지속적으로 증가할 것으로 예상되었다. 또한, 본 물건은 토지이용계획상 준주거지역으로 기존 주택 철거 후 근린상가를 건축할 수 있다.「경기도 건축 조례」에 따르면 준주거지역은 건폐율 60%, 용적률 400% 적용받는다. 대지 $393m^2$(119평)에 바닥면적 71평, 연면적 476평으로 최대 7층 정도 상가 건물을 올릴 수 있다. 본 토지의 미래가치가 매우 높다고 예상되었다.

드디어 2017년 7월 13일, 2차 매각기일(최저가 705, 795,700, 000원) 입찰에 토지의 가치와 상가 개발을 잘 아는 고수가 참여했다. 예상보다 훨씬 높은 감정가격 1,136,710,000원 대비 94.83%, 1,078,000,000원이라는 고액 낙찰가를 쓰고 소유권을 취득했다. 동일 물건에 대한 과거 사건 2014타경437××에서 2015년 10월에 71%, 798,400,000원에 낙찰되었던 것과 비교하면 무려 280,000,000원 높은 고가 낙찰 신기록이었다.

투자 수익률을 계산하면 2015년 10월에 투자한 대출 원금 650,000,000원, 2017년 10월 배당기일에 배당금 975,000,000원 수령이 예상된다. 원금 대비 약 50% 수익, 2금융권 레버리지 투자를 하는 경우 약 210% 수익률이 예상된다. 연수익률 환산 시 25%, 레버리지 105% 수익률이다.

투자 성공 요인을 살펴보면 본 물건은 오래된 구옥으로 영업도 잘 안되는 점포와 개발 가치가 없어 보이는 토지이다. 과거 경매사건에서 71%에 저가 낙찰되어 대출도 쉽지 않은 물건이었다. 그러나 향후 호재 가시화 시점과 해당 물건의 숨은 가치를 보고 취하자금 대출을 실행했다. 이후 채무자 상황과 지역 개발 시점이 맞물려 NPL로 변환되면 봉담역 개통 시점과 개통 후 유동 인구 증가에 따른 준주거지역 개발 가치 상승, 수원 비행장 이전 확정 발표가 예상되었다. 법원과 적극적 소통을 통해 경매를 순조롭게 진행시켜 NPL 투자자의 수익을 극대화했다.

강남 투자 성공 사례

성공 스토리

레버리지 투자는 부동산 투자뿐 아니라 모든 투자에 활용되는 투자법으로 타인자본을 활용해 수익률을 배가한다. 부실채권 투자에서 레버리지 투자는 대단히 유용하다. 부실채권 투자의 레버리지 투자는 부동산을 담보로 제공하고 근저당을 설정하는 대출과 차이가 있다. 레버리지 투자를 활용해 비싼 강남권 아파트에 도전해 수익을 낼 수 있다. 그러나 약이 과하면 독이 된다. 부동산 투자에서 과한 레버리지는 깡통주택이 되고 부실채권 투자에서 과한 레버리지는 자신의 채권이 불량 부실채권이 될 우려가 있다.

본 물건은 신축 아파트는 아니다. 압구정 현대 아파트는 아직도 전통 상류 계층이 거주하는 강남의 대표 아파트다. 아파트 단지가 조성된 후 들어선 백화점, 학교, 행정기관 등 각종 편의시설은 압구정 현대 아파트의 가치를 높였다. 기업인, 교수, 고위직 관리, 법조인, 유명 연예인 등 하이엔드 계층이 많이 거주하기 때문에 아직까지 명성을 유지하고 있다. 강남 지역에서 한강 조망이 보이는 마지막 남은 재건축 아파트이기도 하다.

물건 분석

〈그림 51〉 2015타경182××

2015 타경 182 (임의)		매각기일 : 2016-12-06 10:00~ (화)		경매21계 02-530-1822	
소재지	(06004) 서울특별시 강남구 압구정동 456외 4필지 현대아파트 제79동 제2층 제2 호 [도로명] 서울특별시 강남구 압구정로 201, 79동 2층2 호 (압구정동,현대아파트)				
용도	아파트	채권자	제이자산관리	감정가	2,810,000,000원
대지권	100.56㎡ (30.42평)	채무자	박	최저가	(100%) 2,810,000,000원
전용면적	196.7㎡ (59.5평)	소유자	대한토지신탁	보증금	(10%) 281,000,000원
사건접수	2015-11-09	매각대상	토지/건물일괄매각	청구금액	3,020,000,000원
입찰방법	기일입찰	배당종기일	2016-02-05	개시결정	2015-11-12

기일현황

회차	매각기일	최저매각금액	결과
신건	2016-09-27	2,810,000,000원	변경
신건	2016-12-06	2,810,000,000원	매각
신 원외1명/입찰1명/낙찰3,111,242,210원 (111%)			
	2016-12-13	매각결정기일	허가
	2017-01-11	대금지급기한 납부 (2017.01.11)	납부
	2017-02-09	배당기일	완료
	배당종결된 사건입니다.		

변경공고 ▶ 변경일자 : 2016-05-30

변경내용 2016.09.21. 변경 후 추후지정

감정평가현황 ▶ 신성감정 , 가격시점 : 2015-11-18 [시세] [실거래가] [전월세] [감정평가서]

토지	건물	제시외건물(포함)	제시외건물(제외)	기타(기계기구)	합계
2,529,000,000원	281,000,000원	×	×	×	2,810,000,000원

건물현황 ▶ 보존등기일 : 1978-12-23 [건축물대장]

	소재지	층별	구조	전용면적	감정가격	비고
1	압구정동 456 외 4필지 79동	2층2 호	철근콘크리트조	196.70㎡ (59.5평)	281,000,000원	14층 건중 2층

기타	열병합에 의한 지역난방설비, 승강기, 급배수 및 위생설비, 옥내소화전 등

본 물건은 서울시 강남구 압구정동 현대 아파트 NPL 투자 물건 성공 사례다. 전용면적 196.7㎡(59.9평), 대지권 166㎡(50.215평), 전체 14층 중 2층으로, 1978년 9월 사용 승인받았고 2015년 말 기준 37년 경과된 대단지 아파트다.

채무자는 2013년 5월에 본 물건을 임의경매로 2,200,000,000원에 취득했다. 당시 새마을금고에서 경락잔금 대출 1,480,000,000원을 받고 이후 대부업체 550,000,000원 등 합계 2,000,000,000원이 넘는 대출 원금에 이자를 감당하지 못했다. 2회째 임의경매로 본 물건이 채무 변제를 위해 매각될 위기에 놓였다. 그 가운데서 2015년 7월 제이캐피탈대부(주)로부터 취하자금 대출(2,150,000,000원)을 실행하고 담보신탁계약을 체결했다. 근저당권 3,020,000,000원(담보설정율 150%)을 설정, 경매를 기각시키고 소유권을 지켰다. 그러나 다시 NPL 물건으로 변환되어 2015년 11월 1일 임의경매(2015타경182××, 청구 금액 3,020,000,000원)가 개시되고 1차 기일이 2016년 9월 말에 잡혔다.

입지 분석

압구정동 현대 아파트는 동호 대교 남단 논현로에서 성수 대교 남단 언주로 사이에 1차부터 14차까지 6,148세대의 초대형 단지이다. 요즘 건립된 아파트에 비해 주거 효율성이 떨어진다. 그러나 입지가 우수하기 때문에 실수요자와 투자자 모두에게 인기가 많다. 1976년부터 1987년 사이에 건축되어

〈그림 52〉 서울시 강남구 압구정동 현대 아파트 입지

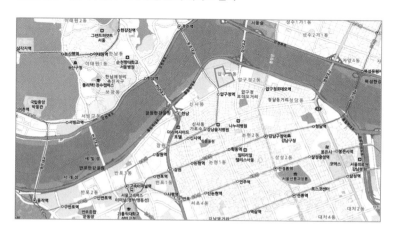

30~40년 경과했기 때문에 내·외부가 낡아서 대부분 입주민이 내부를 리모델링해서 거주한다.

압구정동 현대 아파트는 명문 학군이 압구정 초등학교, 압구정 중학교, 압구정 고등학교를 도보로 다닐 수 있어서 자녀 교육에 관심이 많은 학부모의 수요가 꾸준하다. 현대 백화점과 갤러리아 명품관, 신사동 가로수길, 청담동 명품거리 등 유명 쇼핑가가 근처에 있어서 이용이 편리하다. 지하철 3호선 압구정역이 도보 거리에 있다. 공항버스와 광역버스 등 단지를 지나는 다양한 버스노선이 있어서 대중교통이 편리하다. 올림픽 대로와 강변북로 등 주요 도로 교통망 진입이 수월하다. 2016년 서울시는 한강변 개발계획의 하나로 압구정동 일대를 전략정비구역으로 지정했다. 일정 규모의 땅을 기부채납하면 35층 고층 아파트로 재건축할 수 있다.

〈그림 53〉 서울시 강남구 압구정동 현대 아파트 전경

사진은 단지 좌측에서 현대 6차 아파트를 본 것이다. 본 물건인 79동으로 현대 6·7차 아파트는 1978년 입주한 전체 15개 동 1,288세대 규모, 중대형 평형으로 구성되어 있다. 전용면적 196.7㎡는 168세대다.

〈그림 54〉 서울시 강남구 압구정동 현대 아파트 주변 단지 입지

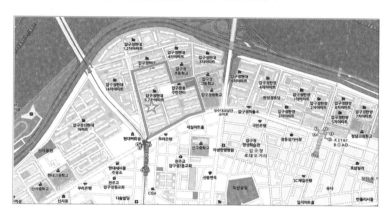

표시된 곳은 압구정동 현대 6·7차 아파트 지역이다. 별표가 물건지 79동, 남향에 중간 라인이다. 내부 구조는 방 6개, 거실, 식당, 주방, 욕실 2개, 발코니 3개 및 세탁실로 구성되어 있다. 3호선 압구정역 역세권으로 4분 도보 거리에 있다. 단지 우측에 압구정 초등학교, 압구정 중학교, 압구정 고등학교가 나란히 붙어 있는 초등학교를 품은 아파트, 소위 추품아라 불리는 학세권이다. 압구정동 현대 1~14차 중 6·7차 아파트가 전철역과 초·중·고등학교를 모두 접하고 있어서 제일 인기 있고 대지지분도 넓다. 경매가 진행되면서 감정가격은 2,810,000,000원

으로 정해졌다. 1차 기일은 2016년 9월 27일로 잡혔지만, 채무자 요청에 의거해 1차 기일을 12월 6일로 연기했다.

〈그림 55〉 서울시 강남구 압구정동 현대 아파트 재건축 진행 상황

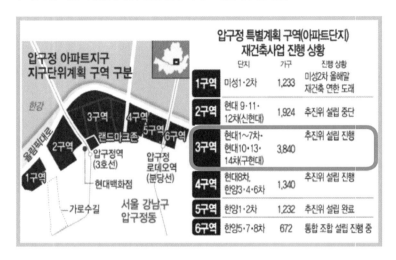

2016년 하반기 압구정 특별계획구역 재건축 진행상황은 오세훈 시장 시절 추진하던 한강르네상스프로젝트(50층) 당시보다 후퇴했다. 현재 14층을 35층 아파트로 재건축 메리트가 충분하기 때문에 압구정동 아파트 단지가 특별계획구역 1~6구역까지 초기 단계인 추진위원회 설립부터 조합 설립을 진행 중이다. 압구정동 현대 6차 아파트는 가장 중앙에 위치한 3구역이며 랜드마크존, 압구정역, 현대 백화점, 가로수길 밀 로데오거리와 가까운 입지에 있어서 가장 관심이 많은 곳이다. 현단계는 추진위원회 설립 진행 중이다.

재건축 초기 단계는 안전 진단, 정비구역 지정, 추진위원회 설립이 첫 단추다. 3구역은 초기 단계가 거의 마무리되고 있다. 다음 단계인 조합설립 인가, 사업시행 인가, 관리처분계획 인가 등 절차가 원활하게 진행될 것으로 예상되었다. 사업 추진의 열쇠가 되는 안전 진단, 정비구역 지정이 완료되고 재건축추진위원회 설립 단계이기 때문에 본 물건을 경매로 매각하기에 매우 좋은 기회였다.

KB 시세 곡선을 보면 경매 신청한 2015년 11월부터 지속적으로 서서히 움직이다가 연기한 1차 기일인 2016년 12월 몇 달 전부터 15% 정도 상승했다. 1차 기일 직전 가격은 저층 기준 33~34억 원 정도에 실거래가가 형성되었다. 경매 신청 때보다 약 5억 원 상승했기 때문에 대박 수익이 날 가능성이 있었다.

〈그림 56〉 2015타경182×× 경매 물건 KB 시세 추세선

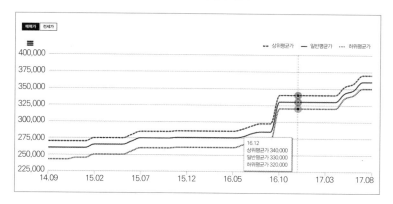

드디어 고대하던 1차 매각기일에 감정가격 2,810,000,000원 대비 110.72%, 3,111,240,000원에 낙찰되었다. 투자 물건 중 강남 아파트 낙찰가 신기록을 세웠다. 시세가 갑자기 상승해 입찰자가 저울질하는 사이 재건축 투자 경험이 많은 실력자가 단독 입찰로 소신 도전해 낙찰했다. 낙찰 9개월 후 2017년 9월에는 35~37억 원의 실거래가격을 보이며 매수인도 흡족한 윈윈 경매가 되었다. 2017년 초 2차 기일에 낙찰되었다면 다수 경쟁자가 몰려서 재건축 분위기에 편승해 더 높은 가격(32억 원)에 낙찰되었을 것이다. 낙찰자는 2차 기일까지 시뮬레이션할 수 있는 재건축 전문가로서 물건의 미래가치를 정확하게 판단했다. 약 10% 높은 가격에 안전하게 매수하는 실력을 보였다.

투자 수익률을 계산하면 2015년 7월 2,150,000,000원을 투자해 2017년 2월 배당기일에 배당금 3,097,440,000원을 수령, 원금 대비 약 44.74% 수익을 올렸다. 제2금융 질권 대출로 레버리지 투자한 결과 19개월간 무려 448% 수익률을 올리게 되었다. 연수익률 환산하면 원금 투자는 28%, 레버리지 투자는 283% 수익률이다.

투자 성공 요인을 보면 첫째, 본 물건은 대표적인 강남 부촌이다. 전통 상류 계층이 자리잡은 압구정동 현대 아파트 단지 중 가장 중심에 위치한 6·7단지 물건이다. 대지권 $166m^2$(50평)가 많아 재건축 추진 시 메리트가 높은 물건이었다.

둘째, NPL 변환 가능성이 높았다. 채무자가 2013년 5월에 경매로 취득 시 경락잔금 대출 LTV 66%를 받은 상태였다. 후순위로 대부업체 추가 대출 때문에 2차 경매 진행 중에 제이캐피탈대부(주)의 취하자금 대출을 실행했다. 대출 합계가 20억 원을 초과해 과도한 채무로 상환가능성이 저하되었다.

　서울시의 한강르네상스프로젝트 폐기와 시장 교체에 따른 뉴타운 출구전략을 구사한 점이 다소 지장을 초래할 우려가 있었다. 그러나 부동산 경기 사이클 진입이 예상되는 상황이어서 본 물건의 투자는 대단한 성공 신화를 기록하게 되었다. 직접 참여한 투자자도 예상 수익률을 훨씬 초과한 배당금을 수령해 상당한 시간이 지난 이후에도 가슴 절절한 감동의 순간을 회상한다.

개발계획 활용 성공 사례

성공 스토리

외부 효과는 어떤 경제 활동과 관련해 당사자가 아닌 다른 사람에게 의도하지 않은 혜택이나 손해가 발생하는 것이다. 대표적인 사례가 과수원에 꽃이 필 무렵에 과수원 근접 거리에서 양봉을 하면 벌은 가까운 거리에서 손쉽게 꿀을 채취할 수 있다. 양봉업자는 더 많은 양의 꿀을 생산할 수 있는데 이와 같은 외부 효과가 부동산 가치에 반영되기도 한다.

대표적인 부동산 외부 효과는 개발사업에 따른 가치 상승이다. 그러나 해당 부동산이 반드시 그 개발 지역 내에 포함되지 않고 영향을 미치는 거래 내에 근접하고 있는 경우에도 가격 상승은 발생한다. 역 근처 지역 역세권이나 명문 학교 인근에는 학세권이 있다. 요즘은 웰빙을 위한 거주 요건이 중요해 소위 공세권, 숲세권 주택이 가치가 상승한다.

본 물건의 투자 성공 요인을 보면 첫째, 신흥 부촌인 강남 삼성동과 청담동에 위치한 물건이다. 특히 입지 조건이 동측으로 한강과 가깝고 초·중·고가 인접한 학세권이며 35년 경과한 재건축 가능성이 있는 좋은 투자 대상으로 판단되었다.

둘째, 부실채권으로 변환되기 쉬운 대상이었다. 채무자가 계속적인 대환대출 이용으로 채무 증가 및 신용도 저하, 담보신탁까지 이용했다. 대출 신청 시 이미 자력으로 버티기 힘든 상황이었기 때문에 신탁재산의 귀속 이후 얼마 되지 않아 매각

절차에 들어갔다.

셋째, 물건 주위의 개발 호재가 매각가격을 높여 주었다. 한전 부지 매각, GTX(광역급행철도)의 삼성역 통과 및 복합 환승역 주변 개발 호재가 본 물건 투자의 수익을 높였다. 실제로 필자가 투자할 때 판단한 예상이 모두 현실화되었다. 한전 부지는 삼성과 현대가 경쟁해 현대자동차그룹에서 10조 원 넘는 금액에 인수했다. GTX 계획도 확정되어 삼성역~봉은사역 지하 복합 환승공간 개발도 서울시에서 계획을 확정했다. 본 물건의 재건축은 2017년 8월 18일 사업시행 인가를 득해 개발 속도를 높이게 되었다.

물건 분석

〈그림 57〉 2016타경98××

2016 타경 98▓ (임의)		매각기일 : 2016-07-12 10:00~ (화)			경매21계 02-530-1822	
소재지	(06078) 서울특별시 강남구 삼성동 79 홍실아파트 제4동 제7층 제7▓호 [도로명] 서울특별시 강남구 영동대로128길 15, 4동 7층7▓호					
용도	아파트	채권자	제이케피탈	감정가		1,180,000,000원
대지권	54.1503㎡ (16.38평)	채무자	강	최저가		(100%) 1,180,000,000원
전용면적	96.32㎡ (29.14평)	소유자	강	보증금		(10%)118,000,000원
사건접수	2016-01-05	매각대상	토지/건물일괄매각	청구금액		1,350,000,000원
입찰방법	기일입찰	배당종기일	2016-04-04	개시결정		2016-01-09

기일현황

회차	매각기일	최저매각금액	결과
신건	2016-07-12	1,180,000,000원	매각
조▓ 주/입찰2명/낙찰1,252,110,000원(106%) 2등 입찰가 : 1,182,000,000원			
	2016-07-19	매각결정기일	허가
	2016-08-26	대금지급기한 납부(2016.08.10)	납부
	2016-09-08	배당기일	완료
배당종결된 사건입니다.			

감정평가현황 ▶ 온누리감정 , 가격시점 : 2016-01-14   [시세] [실거래가] [전월세] [감정평가서]

토지	건물	제시외건물(포함)	제시외건물(제외)	기타(기계기구)	합계
885,000,000원	295,000,000원	×	×	×	1,180,000,000원

건물현황 ▶ 보존등기일 : 1981-10-23

	소재지	층별	구조	전용면적	감정가격	비고
1	삼성동 79 4동	7층7▓호	철근콘크리트	96.32㎡ (29.14평)	295,000,000원	12층 건중 7층
기타 위생설비, 지역 열병합 난방시설 등						

본 물건은 서울시 강남구 삼성동 홍실 아파트 NPL 투자 물건 성공 사례이다. 전용면적 $96.32m^2$(29.14평), 대지권 84.9 m^2(25.69평), 전체 12층 중 7층으로, 1981년 10월 사용 승인받았고, 6개동 684세대 35년 경과한 중규모 아파트다.

소유자겸 채무자는 1994년부터 본 물건을 소유한 이래 다수 채권 가압류와 경매 신청 사건으로 어려움을 겪었다. 2000년 이후 시중은행 금융권 채무를 고금리의 사금융으로 대환하면서 채무가 증가했다. 2015년 6월 신탁회사의 담보신탁으로 소유권까지 넘기면서 기존 채무를 상환해야 하는 상태에 이르렀다. 2015년 11월 16일 채무자의 요청으로 담보신탁 해제를 위해 제이캐피탈대부(주)의 대환 대출 900,000,000원(채권최고액 1,350,000,000원, 담보설정율 150%)을 실행하고 재기를 모색했다. 그러나 더 이상 소유권을 지키지 못하게 법원 경매로 매각되었다.

입지 분석

〈그림 58〉 서울시 강남구 삼성동 홍실 아파트 입지

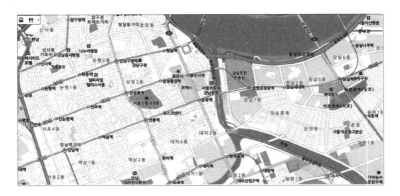

삼성동 홍실 아파트는 청담 대교 남단 논현로와 영동 대교 남단 영동대로가 교차하는 경기고 앞 사거리에 위치한 384세대의 중형 단지다. 요즘 건립된 아파트에 비해서 노후 단지이다. 입지가 우수하고 재건축 메리트가 있는 1980년대초 아파트이기 때문에 실수요자와 투자자 모두에게 인기 많은 아파트다. 1981년에 건축되어 낡았기 때문에 대부분 내부 리모델링 공사를 해서 거주하고 있다.

　　홍실 아파트는 학동로 건너편 청담동 삼익 아파트와 더불어 동쪽으로 한강 조망권과 한강공원 이용이 편리해 인기 있다. 명문 학군인 봉은초, 봉은중, 경기고를 도보로 이용하기 때문에 자녀 교육에 편리하다. 상업시설은 코엑스부터 청담사거리까지 모든 업종이 구비되어 있다. 지하철 7호선 청담역 초역세권이고 9호선, 2호선, 3호선, 분당선이 가까우며 영동대로, 학동로상에 있어 대중 교통 이용도 편리하다. 또한 올림픽대로와 동부간선도로 등 주요 도로 교통망 접근성도 우수하다.

〈그림 59〉 서울시 강남구 삼성동 홍실 아파트 전경

사진은 단지 정문 앞에서 북동향 쪽으로 바라본 전경이다. 4동이 본 물건으로 전용 $96.32m^2$는 216세대다.

〈그림 60〉 서울시 강남구 삼성동 홍실 아파트 주변 단지 입지

지도의 사각형 표시가 삼성동 홍실 아파트이고 별표가 물건지 4동이다. 동향에 중간 라인으로 일조권이 좋다. 내부 평면은 방 3개, 거실, 식당, 주방, 욕실 1개, 발코니로 구성되어 있고 복도식이다. 7호선 청담역 초역세권으로 3분 도보 거리다. 단지 우측에 봉은 초등학교, 봉은 중학교, 경기 고등학교 등 명문 학교가 5분 거리에 있는 매우 좋은 학세권이다.

경매 매각 상황을 살펴보면 2016년 1월 9일 임의경매(2016타경98, 청구 금액 1,350,000,000원)가 개시되어 1차 기일이 2016년 7월 12일에 잡혔다. 법원 경매 감정가격은 1,180,000,000원이었다.

〈그림 61〉 홍실아파트 주택재건축정비사업 조합 재건축 추진현황 확인

서울시 재개발·재건축 클린업시스템에서 홍실 아파트 재건축 현황을 보면 2002년 3월 조합설립 인가를 득했다. 2016년 경매 신청 시점까지 다음 단계인 사업시행 인가를 받지 못한 상태로 약 14년간 제자리 상태였다. 재건축을 추진하는 데 가장 중요한 3가지는 조합설립 인가, 사업시행 인가, 관리처분 인가이다. 허가 관청과 법규 해석, 실제 재건축 절차에 따른 심의, 인가가 매우 까다롭기 때문이다.

홍실 아파트는 조합원이 420여 명밖에 되지 않아 재건축 추진의 걸림돌은 없다. 토지이용계획상 2종 일반주거지역(35층을 건축하려면 3종 일반 종 상향 필요)이고 토지 면적이 작아서

대형 단지에 비해 시공사가 적극적이지 않았다. 투자 결정을 할 때 이와 같은 현재의 불리한 점을 극복할 반전 요소가 있다고 판단했다. 그것은 강남의 역삼동, 대치동, 개포등 재건축 확산으로 점차 도미노 현상처럼 삼성동, 청담동까지 퍼진다고 예상했다. 홍실 아파트 위쪽 삼익 아파트[88]의 재건축 분위기가 고조되고, 봉은사역의 한국전력 사옥 토지 매각 추진이 불붙어 삼성과 현대가 경쟁할 것이라는 정보가 있었다. 또한, 코엑스 앞 삼성역이 GTX가 교차되고 환승역이 되면 삼성역~봉은사역까지 지하 공간의 복합 환승 통로 및 상권 개발도 서울시에서 야심 차게 추진할 예정이었다.

〈그림 62〉 GTX와 삼성역 지하 공간 개발

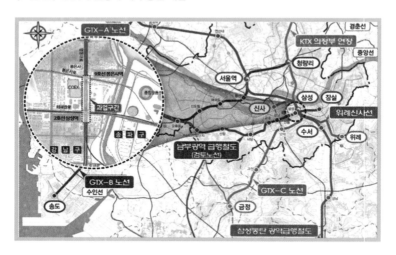

---

88) 80년 입주, 888세대.

호재는 언제 되느냐의 문제가 있지만, 계획이 확정된 후 완성될 수밖에 없다. 현재 강남역 상권보다 더 발전할 수 있는 메가톤급 호재라고 판단했다. KB 시세 곡선을 보면 경매 신청한 2016년 1월부터 매각 1차 기일인 2016년 7월까지 시세가 전혀 변동이 없어 보였다.

〈그림 63〉 2016타경98×× 경매 물건 한국감정원 시세 추세선

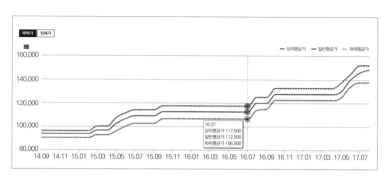

한국감정원 시세 곡선은 매각 기일 2016년 7월 이전에 약 6,000만 원 상승했다. KB 시세보다 약 7,000만 원 높게 평가되었다. 그 후 두 단체가 공통적으로 큰 폭의 상승세를 시현했다. 한국감정원 시세가 KB 시세보다 시장가치를 실시간으로 반영한다고 간주되었다. 드디어 고대하던 매각기일 감정가격 1,180,000,000원 대비 106.11%, 1,252,110,000원이라는 예상을 깬 높은 낙찰가를 기록했다. 신기한 사실은 1위가 한국감정원 시세(12억 5,000만 원), 2위가 KB 시세(11억 8,000만 원)를 살짝 넘기는 가격을 썼다. 통상 시세의 5~10% 정도 낮은 가

격에 낙찰된다는 상식이 깨진 아주 높은 가격이다. 재건축 물건의 입찰인 만큼 높은 가격이 부담스러워 단 2명이 입찰을 경쟁했다. 최고가 매수인은 낙찰 물건이 1년이 경과한 2017년 여름 16억 원 실거래가를 보였다. 3억 5,000만 원 양도차익을 거둘 만큼 높은 재건축 투자 성공을 보였다.

투자 수익률을 계산하면 2015년 11월 950,000,000원을 투자해 2016년 9월 배당기일에 배당금 1,203,540,000원을 수령, 원금 대비 약 26.69% 수익을 올렸다. 2금융 질권 대출로 레버리지 투자를 한 결과 10개월간 약 99.57% 수익률을 올렸다. 연수익률 환산하면 원금 투자 32%, 레버리지 투자 120% 수익률이다.

담보가치 대비 채무 금액이 높고 담보신탁되어 있는 물건이어서 통상 기피 물건이었다. 그러나 숨어 있는 물건의 장점과 호재를 찾아내서 적극적으로 대출을 실행하고 매각 절차를 신속히 진행했다. 채무자에게도 배당금이 돌아갈 만큼 좋은 가격으로 매각되게 해 만족할 만한 NPL 투자 성과를 달성했다.

활성화 상권 활용 성공 사례

성공 스토리

부동산 경기가 요동칠 때마다 강남을 타겟으로 하는 정부의 고강도 부동산 규제책이 발표되었다. 1976년 당시 논밭이던 영동 아파트 지구 개발 추진으로부터 촉발된 강남 불패는 아직도 깨지지 않고 있다. 본 물건의 투자 성공 요인을 보면 첫째, 신흥 부촌인 청담동의 주목받지 못하던 소규모 단지에 불과했지만, 좋은 입지 조건과 당시 한참 뜨고 있던 K-POP 열풍, 청담동 패션, 명품 특화 트렌드 및 강남구청의 정책적 지원까지 받았다. 둘째, 계속되는 채무 증가로 NPL 변환이 용이한 물건이었다. 증여받은 부동산을 담보로 사업상 채무를 지게 되고 채무상환 능력을 상실해 결국 경매 매각 절차로 들어가게 되었다. 셋째, 물건 주위의 개발 호재가 매각을 쉽게 해줘 수익을 높였다. 압구정동 특별계획구역 지정과 재건축 추진, 청담동 패션명품거리 및 한류스타거리 조성, 삼성동 한전 부지 매각, 삼성역 GTX와 연계한 복합 환승 통로 개발 호재가 작용했다.

물건 분석

〈그림 64〉 2015타경186××

2015 타경 186 ■ (임의)		매각기일 : 2016-09-20 10:00~ (화)			경매1계 02-530-1813	
소재지	(06065) 서울특별시 강남구 청담동 23 현대아파트 제201동 제7층 제7■호 [도로명] 서울특별시 강남구 선릉로 748, 201동 7층7■호(청담동,현대아파트)					
용도	아파트	채권자	제이캐피탈 의 양수인 제이자산 관리		감정가	787,000,000원
대지권	48,066㎡ (14.54평)	채무자	김		최저가	(100%) 787,000,000원
전용면적	84.92㎡ (25.69평)	소유자	김		보증금	(10%)78,700,000원
사건접수	2015-11-16	매각대상	토지/건물일괄매각		청구금액	678,734,240원
입찰방법	기일입찰	배당종기일	2016-02-01		개시결정	2015-11-17

기일현황

회차	매각기일	최저매각금액	결과
신건	2016-05-31	787,000,000원	변경
신건	2016-09-20	787,000,000원	매각

○■훈/입찰11명/낙찰911,220,000원(116%)
　2등 입찰가 : 888,999,000원

2016-09-27	매각결정기일	허가
2016-11-07	대금지급기한 납부 (2016.10.19)	납부
2016-11-18	배당기일	완료

배당종결된 사건입니다.

감정평가현황 ▶ 이노감정 , 가격시점 : 2015-11-28　　　시세　실거래가　전월세　감정평가서

토지	건물	제시외건물(포함)	제시외건물(제외)	기타(기계기구)	합계
708,300,000원	78,700,000원	×	×	×	787,000,000원

건물현황 ▶ 보존등기일 : 1988-08-03　　　　　　　　　　　　　　　　건축물대장

	소재지	층별	구조	전용면적	감정가격	비고
1	청담동 23 201동	7층7■호	철근콘크리트조	84.92㎡ (25.69평)	78,700,000원	13층 건중 7층

기타	위생설비, 난방설비, 급배수설비, 승강기설비, 소화전설비, 주차장시설 등

　　부실채권 투자의 근간이 부동산이기 때문에 부실채권도 강남 불패 바람에서 벗어날 수 없다. 본 물건은 서울시 강남구 청담동 현대 아파트 NPL 투자 물건 성공 사례다. 본 물건은 전용면적 84.92㎡(25.688평), 대지권 48.066㎡(14.54평), 전체 13층 중 7층으로 1988년 5월 사용 승인받았다. 2개 동 214세대의 28년 경과한 소규모 아파트다.

　　소유자 겸 채무자는 2003년에 본 물건을 증여로 취득한 이래 다수 채권가압류, 세금 미납, 대환 대출 채무가 증가했다. 2010년 이후 개인 채무 및 회사 채무 담보로 제공하면서 채무가 급증했다. 이후 제이캐피탈대부(주)로부터 2014년 12월

10일 대환 대출 560,000,000원(채권최고액 728,000,000원, 담보 설정율 130%)을 받아 재기를 모색했다. 그러나 1년을 못 버티고 임의경매로 매각 절차에 들어갔다.

입지 분석

〈그림 65〉 서울시 강남구 청담동 현대 아파트 입지

청담동 현대 2차 아파트는 분당선이 지나가는 학동로와 도산대로가 교차하는 학동사거리에서 남쪽 200m에 위치해 있다. 단지 남측으로 영동 고등학교가 붙어 있다. 처음에 현대 사원용 아파트로 분양했기 때문에 건축 상태와 구조는 양호하다. 7호선과 분당선이 지나는 강남구청역이 도보 7분 거리이고, 버스정류장이 단지 앞에 있어 교통 여건이 좋다. 내부는 대부분 세대별 리모델링해서 거주하고 있다. 남쪽에 영동 고등학교 부지가 커서 조망권이나 주거환경이 우수하다. 명품 공원인 도산공원과 복합 전시 및 쇼핑몰 코엑스가 도보 10

분 거리 내에 있어 생활에 편리하다. 올림픽대로, 강변북로와 접근성이 좋은 입지이다. 학교는 언북 초등학교, 언북 중학교가 도보 거리이고, 영동 고등학교, 청담 고등학교 등 우수 학군에 속해 있다.

청담동은 대한민국에서 패션 산업과 엔터테인먼트로 첨단인 곳이다. 청담동 패션거리 및 명품거리에는 DKNY, 구찌, 지방시, 루이뷔통, 및 프라다 등 유명 브랜드 플래그십 스토어가 즐비하다. SM 및 JYP 엔터테인먼트는 한국의 아이돌과 걸그룹을 양산하며 K-POP을 전 세계에 알린 곳이다. 압구정 갤러리아(로데오역)부터 청담동 JYP 엔터테인먼트까지 한류스타 거리를 조성하며 관광객의 필수 코스가 되었다.

〈그림 66〉 서울시 강남구 청담동 현대 아파트 전경

사진은 단지 정문 앞에서 동쪽 전경으로 201동이 본 물건이다. 전용면적 84.76㎡(97A) 50세대, 84.78㎡(97B) 100세대,

84.92㎡(97C) 64세대, 3가지 타입의 평형으로 구성되어 있다. 본 물건은 전용면적 84.92㎡(97C) 타입으로 A, B에 비해 매물이 귀하고 인기가 많다.

〈그림 67〉 서울시 강남구 청담동 현대 아파트 주변 단지 입지

　네모 표시가 청담동 현대 2차 아파트다. 남향 좌측 라인으로 일조권이 좋다. 내부 평면은 방 3개, 거실, 식당, 주방, 욕실 및 발코니로 구성되어 있고 계단식 구조다. 경매 매각상황을 보면 2015년 11월 17일 임의경매(2015타경186××, 청구 금액 678,730,000원)가 개시되어 1차 기일이 2016년 5월 31일로 잡혔다. 법원 경매 감정가격은 787,000,000원으로 정해졌고 매각준비 절차가 진행되던 중 채무자 요청으로 1차 기일을 9월 20일로 연기했다.

　본 물건은 28년 경과한 노후 아파트이기 때문에 재건축 가능성을 타진한 결과 용적률 200%로 재건축 메리트가 크지 않

아 추진 가능성은 낮다고 보았다. 투자 결정을 할 때는 좋은 쪽으로만 유리하게 판단하는 것이 아니라 미래에 가능성 없는 부분에 대해서는 과감하게 포기하고 현재의 입지와 매각 가능성, 물건의 부실채권 전환 가능성을 입체적으로 판단한다. 재건축 가능성은 낮아도 나머지 요인이 매우 좋은 물건이기 때문에 투자를 결정하고 대출을 실행했다.

　이와 같은 사정 가운데 한국의 젊은 K-POP 스타가 동남아·중국 등 세계 속에서 한류 바람을 일으켰다. 오디션 프로그램이 최고 인기를 구가하고 한국 관광객이 청담동 방문 러쉬를 일으켰다. 또한, 코엑스 앞 한전 부지 매각 속도가 빨라졌다. 삼성역이 GTX의 환승역이 되면서 삼성역~봉은사역 간 지하 복합 환승 공간 개발을 서울시에서 적극 추진했다. 호재가 가시화되면서 강남권 아파트 가격이 상승 곡선을 그렸다.

〈그림 68〉 2015타경186×× 경매 물건 KB 시세 추세선

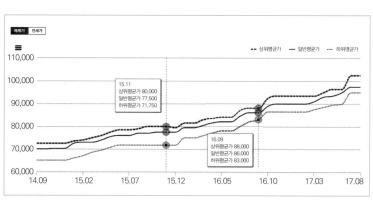

드디어 가슴 설레는 매각기일, 감정가격 787,000,000원 대비 115.8%, 911,220,000원이라는 예상도 못 한 높은 낙찰가를 기록했다. 경매 신청한 2015년 11월보다 입찰기일인 2016년 9월 시세가 약 10% 상승했다. 또한, 지속적인 상승이 예측되어 입찰자 11명 중 상위 3명이 KB 시세보다 높은 가격을 써냈다. 소규모 단지 매물의 특징은 분위기가 좋을 때는 정상 매도 물건이 없기 때문에 경매 물건에 공격적으로 높은 가격에 치고 들어온다. 강남의 좋은 입지 아파트는 실수요자가 넘친다.

투자 수익률을 계산하면 2014년 12월 560,000,000원을 투자해 2016년 11월 배당기일에 배당금 848,320,000원을 수령했다. 원금 대비 약 51.48% 수익률을 올렸다. 2금융 질권 대출을 이용해서 레버리지 투자한 결과 23개월간 약 96.1% 수익률을 올렸다. 연수익률 환산하면 원금 투자 26.8%, 레버리지 투자 50% 수익률이다.

볼품없어 보이는 소규모 물건이라도 소홀히 하지 않고 투자 가치가 있는 대상에 적극 심사해서 대출을 실행하고 좋은 가격에 매각되게 했다. 채무자에게도 잉여금 배당이 되게 노력해 부실채권 투자에서 원원하는 성과를 달성했다.

03

수강 소감 후기

    필자가 부실채권을 강의하는 강남 부동산 아카데미 학원은 2017년 9월 1일 현재 100기 이상의 수강생을 배출했다. 원우 13분의 수강 소감을 그대로 들어보고자 한다.[89]

---

89) 강남부동산아카데미학원 수강 소감 후기가 있는 곳은 다음과 같다. 다음카페 앞서가는 부자들의 모임(http://cafe.daum.net/canrich).

안녕하세요. 오늘을 기점으로 정규반 3강, 스터디반 2강의 수강을 마친 71기 김한곤입니다.

거리가 먼 관계로 2개 반을 연달아 수강 중에 있으며, 전 주에는 교수님의 배려로 인해 부산지역의 후순위채권을 겁(?) 없이 투자하기도 했었습니다.

전 주까지만 해도 정규반과 스터디반을 포함해 총 3강밖에 수강하지 못했음에도, 교수님의 실전 투자 위주의 강의와 안전성 중심의 투자 마인드가 믿음이 간 점, 그리고 하루라도 빨리 전반적인 투자 싸이클을 경험해보고 싶은 것이 가장 큰 이유였습니다. 또한 투자란 지식을 많이 아는 것도 중요하지만, 무엇보다도 부딪히며 실천하는 것이 승자로 갈 수 있는 지름길이라는 평소 저 나름의 지론에 의해 교수님을 믿고 행동으로 옮기게 된 것도 같습니다. 물론 강의에 대한 확신이 없었다면 쉽사리 결정하기는 어려운 문제일 것입니다. 오늘 강의를 통해서 그런 제 판단이 옳았다는 것에 더욱 확신하게 되었던 것 같고, 앞으로의 강의에서는 또 어떤 보따리가 나올지도 점점 기대되기도 합니다.

그동안 부동산학을 전공도 했었고 다수의 공매·경매도 경험해봤지만, 강의 중간 중간에 그동안 알고도 놓치고 몰라서 지나치고 말았던 중요한 tip들을 하나라도 놓치고 싶지 않은 마음에 저절로 집중하게 되고, 하나하나 메모를 할 때마다 조금씩 저의 자산이 되어 가는 것을 스스로 느끼고 있는 요즘인 것 같습니다.

강의 중간 중간에 지나치는 듯 말씀하는 교수님의 교육내용 중에서도 저의 투자 경험과 비교해볼 때면 예전엔 운이 좋아서 그랬는지 무탈하게 잘 넘어갔던 경우를 떠올린 적도 한두 번이 아닌 것 같네요. '그땐 운도 많이 따라줬구나', '무식하면 용감하다더니…' 하는 생각마저 들 때도 있었으니 말입니다. 그래서인지 더욱 몰입하게 되는 것 같습니다.

한 주는 KTX로 부산으로, 한 주는 버스로 울진을 오가는 강행군이지만 한 단계 업그레이드되어 있는 훗날 저의 모습을 상상하면서 오늘도 울진행 버스와 함께 비 오는 고속도로 위에 몸을 실었습니다.

그리고 이 글을 빌어 항상 여러모로 신경 써주시는 문정임 총무님께 감사의 말씀 전합니다. 앞으로도 많은 도움 부탁드립니다.

문 총무님, 감사합니다!

수강생 여러분들의 건강과 성공 투자를 기원합니다!

안녕하세요, 이번 99기 정규강의 및 스터디반에 등록한 안병국입니다. 어느 날 우연히 인터넷에서 NPL이란 단어를 알게 되어 찾아보던 중, 강남 부동산 아카데미 학원이 눈에 들어왔습니다. 그렇게 기회를 엿보다가 올해 초에 원장님과 부원장님의 공개강의를 각각 한 번씩 들었습니다.

회사 근무시간도 맞지 않고 강릉이라 거리도 멀고 해서 계속 등록을 미루다가 그래도 이번 기수에 요일을 바꿔가면서 수강하면 가능하기에 미련 없이 스터디반까지 등록하게 되었습니다.

익히 두 번 공개강의를 들어서 학원에 대한 믿음은 어느 정도 가졌으나(내용은 당연 모르고) 계속 기다리던 중 지난달에는 강남 모 학원 공개강의도 한번 들었는데 초보인 상태에서 들었는데도 별로라는 생각이 들었습니다. 그래서 등록하는 데 미련이나 두려움은 없었습니다.

정철우 부원장님의 이론이 아닌 실무 경험에 의한 강의에 강남 부동산 아카데미학원을 선택한 것이 정말 잘했다고 생각이 들었습니다. 문 총무님의 친절함과 특히 양기준 선배님의 초보들의 마음을 잘 헤아려서 설명해주시는 데 깊은 인상을 받았습니다. 저도 언젠가 후배 기수들에게 잘 설명해줄 수 있도록 열심히 하겠습니다. 감사합니다.

동호회 카페로 2~3년 동안 경매를 독학하던 중 2013년 9월 말쯤 'NPL'이라는 제목으로 한 통의 메일을 받았습니다.

1순위 근저당을 매입할 수 있다는 내용이 순간 눈에 확 들어왔습니다. 즉시 '앞서가는 부자들의 모임' 부동산 카페를 찾아서 확인 후 지난 10월 7일(일요일), 정재홍 교수님의 무료 특강에 참석해 그 자리에서 정규 수강을 신청하게 되었습니다. 이어서 지난 10월 13일(일요일) 정교수님 실전에 가까운 강의 내용을 듣고 결론적으로 말하자면 누가 나에게 "경매 투자할래? NPL 할래?"라고 물으신다면, 죽었다 깨어나도 "NPL 할래요"라고 말하겠습니다.

왜냐고요? 경매 투자가 삽으로 작업을 한다면, NPL은 굴착기로 작업한다고 볼 수 있기 때문입니다. 투자하는 데 선택의 폭과 방법이 무궁무진해 창의력을 개인이 마음껏 발휘할 수 있겠다는 결론하에 저는 5회 수강을 마치고 기본기가 쌓인 상태에서 스터디반을 신청해 NPL의 실전 내공을 확실히 쌓을 예정입니다. 특히 공동 투자에 적극 참여해 우리 가정에 수익성 재고에 보탬이 될 것입니다. 그리고 직장인들을 위해 바쁘신 데도 불구하고 일요일에 강좌를 배려해주신 정교수님께 감사드립니다. 수강하신 모든 분들, 많은 지도 편달 부탁드립니다. 감사합니다.

안녕하세요! 일요일에는 좀 더 일찍 가서 정철우 원장님 수업부터 시작해 박성승 교수님 수업으로 마무리했습니다. 정철우 원장님 수업 때는 요즘 8.2(파리대책)으로 인해 현 부동산 상황에 대해서 알려주셨습니다. 요즘 정말 머리가 복잡한데, 학원 와서 수업을 들으니 도움이 됩니다. 사실 전화로도 투자할 수는 있지만, 수업을 들으면 부동산 돌아가는 방향에 대해서도 알 수 있고 정말 좋습니다.

그리고 지금까지 카페에는 전부 공개되지 않았지만, 실제 투자 사례 중 NPL로 넘어가 높은 수익이 난 사례 건들도 보니 저도 굉장히 욕심이 납니다. 정철우 원장님 말씀대로 분산 투자로 다양하게 해두면 참 좋을 것 같습니다.

문 총무님이 수업 중에 투자 사례 계속 찾아서 가져오시느라 왔다 갔다 운동 많이 하셨죠. 수업 때마다 일요일 하루 몇 시간뿐이어도 보람되고 알차게 다 얻어갈 수 있게 노력하시는 박성승 교수님의 진심이 느껴져 정말 감사할 뿐입니다. 이번 주에도 우리처럼 일반인들이 잘 접할 수 없는 깊고 깊은 이야기들 참 재미있었습니다. 고급정보들을 아낌없이 나눠주셔서 또 많이 배웠습니다. 처음보다 어떤 물건에 투자하면 더 이익을 극대화할 수 있는지 머리를 잘 굴려봐야겠습니다.

이번 주 일요일에는 스터디반 이벤트가 있다고 하는데, 수업 들으러 꼭 들어오세요. 아, 이 얘기는 하지 말아야 하나? 경쟁률 올라가면 안 되는데…. 원우님들과도 꾸준히 자주 뵙고 싶습니다!

"꿈을 이루렴! 별빛은 네가 바라보아야 볼 수 있단다." 제가 좋아하는 글입니다.

NPL에 관심이 있어서 재작년에 다른 곳에서 진행한 무료 특강을 들었던 적이 있었지만, 위험요소와 현실적인 내용과 비용들은 제외한 수익률에만 집중된 특강강의 내용이었습니다. 그곳에서 내 시간을 투자하기는 어려울 것 같다는 생각을 하고 잠시 NPL을 뒤로 한 채 지내다가, 다시 마음을 잡고 이곳 강남학원에서 진행한 98기 무료 특강을 듣게 된 후, 내가 찾는 곳이 바로 이런 곳이라는 생각에 바로 수강 신청을 했습니다.

정철우 대표님의 열정적인 강의 내용과 직접 은행에서 근무하실 때 습득한 실무를 섞은 재미있는 강의 내용으로 구성된 정규수업을 통해 NPL에 대한 기본 구조와 투자 방식에 대해 알게 되었습니다. 4주간의 정규과정이 너무나 짧게 느껴지기도 했지만, 저에게는 너무나 유익한 시간이었습니다.

대위변제, 채권관리, 개인회생 등과 같은 내용도 수업시간에 강의를 해주셨기에 더 집중할 수 있었고, 학원과 오랜 시간 함께한 원우님들과 총무님의 배려심 깊은 말씀 하나하나가 더욱 학원에 대한 애착을 갖게 했습니다. 목요일 야간수업을 듣기 위해 회사에서 6시만 되면 시계를 보았지만, 매번 야근으로 인해 목요일 수업을 듣지 못했었기 때문에, 오히려 황금 같은 주말의 마지막 날인 일요일이 빨리 오기를 기다리곤 했습니다.

이제 정규수업을 마치고 저도 성공적인 투자를 위해 스터디반을 바로 등록했습니다. 스터디반 박성승 교수님의 자세한 물건지 분석을 들으면서 스터디반 강의만 들어도 지역전문가가 되겠다는 생각과 저도 좋은 성과를 낼 수 있겠다는 생각들로 가슴이 뿌듯해지는 것 같았습니다.

원우님들의 성공적인 투자를 위해 오늘도 열심히 뛰는 대표님과 학원 관계자님, 원우님들과 함께, 저도 학원의 원우로서, 꿈을 이루기 위해서 학원을 믿고 바라보면서 열심히 공부하고 노력하겠습니다! 고맙습니다.

92기
천보영 원우

학원 강의 중에 정철우 대표님이 카페 활성화를 위해 카페에 NPL 물건을 올리신다고 약속하셨는데 이렇게 빨리 물건을 올리신 줄 몰랐습니다. '투자 물건 올리기'를 클릭해서 들어가면 좋은 물건이 기다리고 있습니다. 학원 강의를 들으면서 느끼는 점은 강의를 듣다 보면 좋은 물건이 나오기 무섭게 투자에 들어가는 분들을 보면 역시 꾸준히 내공을 쌓은 덕분에 투자 물건에 대한 안목이 남다른 것을 보게 됩니다. 앞으로 정철우 대표님께서 카페에도 수시로 좋은 물건을 올려놓을 예정이라고 하시는데 부지런한 원우님들과 열정이 남다른 원우님들, 평소에 열심히 강의에 참가하신 분들에게는 또 하나의 기회가 될 것 같습니다. 우리 학원 원우님들 다 함께 대박 나기를 기대해봅니다.

처음 지인의 소개로 학원에 가서 수업을 받으며 의구심이 생기던 순간도 있었습니다. 하지만 그 의구심은 공부를 더해갈수록 무지에서 오는 두려움이란 것을 알게 되었습니다. 조금씩 소액 투자를 시작해서 매달 수입이 들어오는 구조를 이해하게 되었고, 드디어 2월에는 큰 결실(배당)을 얻었습니다. 놀라운 결과(배당)에 주변 지인도 등록했고, 정철우 대표님의 강의에서 실전에서만 알 수 있는 노하우를 많이 알려줘서 놀랍다고 합니다. 또 실전반 박성승 교수님의 '투자 물건 분석' 강의를 들으며 부동산을 보는 안목을 키우고 있다고 고맙다면서 연락해왔습니다. 학원의 발전에 감사를 드립니다.

안녕하세요. 저는 경매에 투자하다가 너무 과열된 현장에서 '더 이상 먹을 것이 없겠구나!' 생각하고, 마땅히 투자처를 찾지 못하고 고민하고 있던 중 정재홍 회장님을 알게 되어 88기 정규반에 가입하게 됐습니다. 한 달간 강의를 들었으나 NPL에 대해 여전히 이해가 되지 않아 고심하던 중, 정재홍 회장님께서 89기 강의도 들을 수 있다고 해주셔서 89기와 함께 강의를 들으면서 이해의 폭이 넓어졌습니다.

정재홍 회장님의 재미있는 강의와 선배님들의 성공 사례를 접하면서 스터디반(투자반)으로 재등록했고, '백문이 불여일견'이라는 말이 있듯이 실전 투자에 참여했습니다.

전쟁에 나갈 때 총알이 있어야 싸울 수 있듯이 투자금의 여력이 있다면 망설이지 마시고 실전 투자해서 다 함께 성공합시다! 파이팅!

83기
김동호 원우

83기 김동호입니다. 한 번의 공개강의와 두 번의 정규반 강좌를 듣고 투자반에 입성했습니다. 흔히들 서울 입성, 인 서울, 강남 입성하는데 부동산계에서는 정재홍 교수님 학원에 입성이 인생 투자의 정점이 될 것 같습니다.

인생을 살면서 첫인상이 매우 중요하다고들 하지요. 첫 번째 공개강의 수강 후 뭔가 자석에 끌리듯 해 83기 수강신청, 두 번에 강의 수강 후 투자반 입성했습니다.

불혹의 나이를 지난 지 한참 오래인 저는 웬만한 강의는 거의 다 들어봤습니다. 부동산과 NPL도 방송과 공개 강의, 학원 강의 유경험자인데, 그중 정재홍 교수님의 강의는 차별화된 강의였습니다.

아무리 이론과 체계가 중요하다고들 하지만, 대부분 수강생의 목적은 투자와 수익일 것입니다. 사례 중심, 물건 중심 강의는 환자의 아픈 곳을 치유해주는 듯 시원한 상쾌 유쾌 통쾌한 명품 강의였습니다. 정재홍 교수님을 뵙기 위해 그동안 수많은 세월과 장소를 기웃거렸던 것 같습니다.

길고 차가운 겨울이 눈 녹듯 많은 설레임으로 가득한, 강의와 투자반 설명이 있는 매주 일요일이 기대됩니다.

벌써 강남 부동산 아카데미와 인연을 맺고 NPL이란 글자조차 생소했던 수단을 통해 인생 후반기 이모작으로 성공적인 재테크를 이어나가고 있는 것이 2년이 조금 넘었습니다.

46년 외곬으로 살아온 인생이 남부럽지 않았다고 자부하면서 퇴직했는데 그게 아니었습니다. 아침 일찍 출근해 저녁 늦게까지 일에 파묻혀 반평생을 열심히 살았다고 자부했는데, 막상 사회에 나와 다른 눈으로 세상을 보게 되니 정말 그게 아니었습니다. 친구들은 부동산이다, 주식이다, 사업이다 하며 재테크를 탄탄하게 해서 술도 사고 밥도 사며 큰소리치는데 나는 그 대열에 끼지도 못하는 한심한 좀팽이가 됐으니 말이지요. 자본주의 세상에서 인생의 성패가 뭔지 다시 생각하게 됐습니다. 뭐니 뭐니 해도 Money더라고요. 그래서 인생 후반기를 깊이 고민하게 됐습니다.

인생 100세 시대에 20~30년은 더 살아야 하는데 내 인생 후반기 이모작 인생을 어떻게 살아야 할지, 어떤 길이 있을지, 고민하는 사이에 우연히 신문에서 '부동산 경매'라는 광고를 접하게 됐습니다. "그래! 경매를 배워 부동산 재테크 한번 해보자" 하고 인터넷에 들어가 이곳저곳 헤매다가 우연히 강남 부동산 아카데미와 정재홍 교수님을 알게 됐습니다. 그때까지는 부동산 경매란 말은 들었지만, 재테크와는 담쌓고 살다 보니 NPL이라는 말 자체도 몰랐습니다. 그렇게 2015년 8월 어느 날 용기를 내어 강남 부동산 아카데미의 문을 두드려 NPL 공부를 시작하게 됐습니다.

처음에는 무슨 말인지 이해를 못 했지만 정교수님은 "이해가 안 되면 그저 꾸준하게 강의장에 와서 죽치고 앉아 있기만 하면 된다"라고 했고 계속 듣다 보니까 저도 모르게 하나둘 알게 되었습니다. 투자 물건을 소개하면 '저게 더 나을까?' '이건 어떨까?' 하면서도 "우선 저질러나 보자. 시작이 반이잖아" 하며 1,000만 원으로 투자를 시작하게 됐습니다. 교수님도 처음에는 소액으로 분산 투자하는 것이 좋다고 하셨기에 꾸준히 공부와 투자를 병행하며 그때그때 물건을 보면서 골라 투자하기 시작했습니다. 지금은 남들은 뭐라 할지 모르지만 제 딴에는 상당한(?) 자금을 투자해 매월 1일 이자를 받고 있으며 투자한 물건이 경매나 공매로 처분되면 상당한 수입이 발생하고 있습니다. 작년에는 학원생들이 주축인 J캐피탈의 주주도 됐습니다. 재테크에는 '수익도 좋지만 안전성이 최고'라고 생각합니다. 주위에서 일확천금을 노리다가 실패하고 인생까지 망치는 사례들을 너무나 자주 보고 있으니까요. 강남 부동산 아카데미는 J캐피탈 등 금융기관도 같이 운영하면서 꾸준하게 좋은 투자 물건을 소개하니까 기다릴 필요도 없이 바로바로 내가 직접 투자 대상을 고르고 투자할 수 있어 저에게는 보배 같은 금고입니다. 새삼 '운이 좋구나. 정말 줄을 잘 섰구나' 생각이 듭니다. 아쉽게도 저의 재테크 세상을 열어주시고 인생이 후반기 이모작에 불을 지펴주신 정철우 대표가 은행에서의 오랜 실무를 통해 익힌 Know How를 기반으로 또 다른 투자 방법을 개발해 학원과 회사를 이끌어 더욱 규모를 키워가고 있습니다.

남보다 조금은 늦게 백지상태에서 NPL을 접하게 됐지만 2년이 지나면서 열심히 공부하고 소액이나마 꾸준하게 투자하면서 이젠 누구 못지 않은 NPL 매니아가 되고 예리한 촉도 갖게 됐다고 생각합니다.

인생 100세 시대에 퇴직 후에도 매월 안정된 고정적 수입이 있다는 게 얼마나 다행일까요? 오늘도 학원에서 정철우 대표님의 신념에 찬 열정적인 강의를 들으면서 '나도 부자 될 수 있다. 나도 성공할 수 있다. 생각이 바뀌면 운명이 바뀐다. 적극적인 사고방식을 갖자'라고 다짐하면서 미지의 신천지를 앞서 나가는 기분으로 망망대해 블루오션에서 더욱 열공, 성투하면서 힘차게 달려가고 있습니다. 정 대표님 감사합니다.

NPL 강의는 개발자의 노고가 깃든 하나의 상품입니다. 지식이란 훔칠 수 있습니다. 남의 멋진 지혜와 지식의 금자탑은 후대의 노력에 의해 전수됩니다. 그런데 상품이란 것은 좀 다릅니다. 상품은 가격이 매겨지게 되는데, 이것이 시장의 수요 공급에 의해서 매겨지는지 아니면 시장의 룰을 파괴시키고 개발자가 스스로 자신의 상품에 가격을 매기는지 그 가격이 그 상품의 가치를 말해주며, 가격이 높을수록 경쟁상품이 없을수록 그 상품은 가치가 지속됩니다.

NPL이란 결국 하나의 상품입니다. 법률이론을 법리 해내고 이것을 계약서에 일목요연하게 요약해 거래 대상물을 상호 계약합니다. 그리고 해당 소유자들과 계약서를 체결하기 위해 계약 내용과 법리들을 놓고 가격을 흥정하고, 이렇게 해서 하나의 거래 품목을 상품화시키고 거래의 행태를 정형화시킨다는 것은 하나의 상품과 거래의 장을 만들어놓은 것과 같습니다. 이런 것은 실용신안이나 특허출원이 안 되지만, 개발자 고유의 상품이라 해도 과언이 아닙니다. 최초로 누가 이런 거래를 시도했고 성공했는지, 그 법리가 정확하고 오류가 없는지, 그리고 그 해당 상품이 정한 계약 방식에 의해서 지속적으로 거래가 이뤄지고 있는지를 살폈을 때 이런 것이 다 성립된다면, 이런 상품은 도둑질이 불가능할 것입니다.

그렇다고 이런 NPL 거래를 한 사람만 해야 한다는 말은 절대 아니지만, 복잡하고 다변화된 거래 상품의 성질상 개발자의 능력이란 결국 다른 사람들의 장벽이 아닌가 하는 생각입니다. 개발자의 능력만큼, 다른 시도자들은 그만큼 큰 장벽을 헤쳐나가야만 개발자의 능력을 헤아릴 수 있다는 것입니다. 암튼, NPL 강의 들으면서 대단하다는 생각과 함께 그

발자취가 아무나 걸어갈 수 있는 길은 아니라는 것을 실감하며 강의를 듣고 있습니다. 돈보다 중요한 것이 무엇인지 알게 됩니다. 그 뭔가가 뭔가를 더 정확히 말할 수 있는 능력이 저에게 생기길 바랍니다.

> **닉네임**
> 팔복 원우

예전부터 부실채권(NPL) 시장이 떠오르고 있다는 소문이 파다해서 호기심을 갖게 되었습니다. 은행의 NPL 매각과 저금리 시대의 새로운 투자처를 찾는 수요가 맞물리면서 NPL 시장은 부동산 재테크의 블루오션으로 자리 잡고 있다는 기사를 접하게 됐습니다. 이렇게 NPL 시장이 활성화되면서 고수익의 재테크 수단을 찾는 투자자들의 관심도 커지고 있는 가운데 무턱대고 NPL 투자를 하기에 제게는 지식도 정보도 너무나 부족했으며 실패에 대한 두려움이 앞서기만 했습니다. 이때 '경매 NPL 전문 강남 부동산 아카데미'에서의 공개강의는 제게 무지함에서 나오는 두려움을 확신에 찬 기대감으로 바꾸기 충분한 강의였음을 스스로가 느끼게 됐습니다.

NPL 시장과 구조의 이해, 실제 성공 투자 사례, NPL 경매 실패 사례, NPL 매각 사례, NPL 경매 시 주의사항 등을 세심히 짚어주시고, 쉬는 시간에도 열의에 가득 찬 원우님들의 질문에 피곤할 법도 하실 텐데 일일이 답변해주시며 열정적으로 임해주신 대표님의 강의가 감명 깊었습니다.

자칫 지루할 수 있는 강의의 내용을 중간중간 유머러스하게 풀어주시고 원우님들의 적극적인 참여를 유도하시는 모습을 보며 시간 가는 줄 모르고 강의에 집중을 하고 있는 저 자신이 대견하고 즐거웠습니다.

화려한 이력과 경력을 바탕으로 수준 높은 강의를 선보여주신 정철우 대표님의 강의로 NPL 경매에 한 발 더 딛고 자신감은 덤으로 얻으며 느낀 점은 개인적으로 인터넷 강의 등 타 학원에서의 강의는 이해도 어렵고 수박 겉핥기로 설레발만 치는 것 같은 느낌이었다면, 정철우 대표님의 강의는 '아는 만큼 보인다'라는 말처럼 제가 눈을 뜨고 잘 볼 수 있도록 이끌어주신 명강의였습니다. 아직 많이 부족하지만 꾸준히 수업에 참석해 열정을 가지고 함께 가고 싶습니다!

명품 '경매 NPL 전문 강남 부동산 아카데미' 파이팅!!!

> **닉네임**
> amica 원우

제가 강남 투자 학원에 발을 들여놓은 지가 벌써 2년이 넘은 듯합니다. 앞으로는 NPL이 투자 수단으로 유망하다는 지인의 말을 듣고 처음으로 찾은 곳이 강남 투자 학원이었습니다. 정교수님의 첫 강의를 듣고 바로 투자까지 감행하는 모험을 했습니다. 처음부터 확신이 있어서 곧바로 투자까지 결심했는데 곁에 있던 사람이 빠른 결정에 잠시 보류하는 게 어떻겠냐고 했지만, 역시 그때 선택을 잘했다고 생각합니다. 투자는 타이밍이 중요하니까요. 아무것도 몰랐지만, 교수님 이하 부원장님 문총무님 모두 투자 결정에 망설임이 없게 도와주셨습니다.

지금은 배당수익이 매달 정기소득이 되어 큰 수익으로 도움이 되고 있으며 분산 투자하다 보니 종종 NPL로 더더욱 큰 수익이 생기고 있습니다. 아무것도 하는 것 없이 줄만 잘 서 있다가 큰 소득이 오기까지 부원장님과 제 자산을 불려주신 관계자 모든 분께 항상 감사합니다. 앞으로도 좋은 수익 기대하며 항상 건강하세요. 다시 한번 감사드립니다.

본 책의 내용에 대해 의견이나 질문이 있으면
전화(02)3604-565, 이메일 dodreamedia@naver.com을 이용해주십시오.
의견을 적극 수렴하겠습니다.

이것이 진짜 성공 NPL이다

제1판 1쇄 인쇄 | 2018년 2월 14일
제1판 1쇄 발행 | 2018년 2월 21일

지은이 | 정철우
펴낸이 | 한경준
펴낸곳 | 한국경제신문*i*
기획제작 | (주)두드림미디어

주소 | 서울특별시 중구 청파로 463
기획출판팀 | 02-3604-565
영업마케팅팀 | 02-3604-595, 583 FAX | 02-3604-599
E-mail | dodreamedia@naver.com
등록 | 제 2-315(1967. 5. 15)

ISBN 978-89-475-4305-7 03320